優渥叢書

短線、當沖の
K線日記
全圖解！

熱銷
再版

10大戰法，
讓我靠「抓漲停」資產多五倍！

麻道明◎著

U0141133

CONTENTS

股價漲停有一定的規律，
只要抓到，你就能……

　　漲停，意味著主力資金的介入；漲停，意味著股價的繼續飆升；漲停，意味著投資收益快速放大。股價漲停令人心潮澎湃，在短期內實現驚人的財富增加。

◎ 漲停是機會也是風險，投資人得學會駕馭

　　股價強勢漲停往往蘊藏著重大機會，所透露出來的資訊絕不僅僅是股價上漲 10% 這麼簡單，更重要的是能夠呈現出主力的控盤意圖、個股熱點題材、市場的追捧程度等等。但很多時候，股價漲停不一定就能獲利，追漲停被套的經歷很多人遇過，因為有些漲停就是主力誘多的一個美麗陷阱。

　　可見，股價漲停有真有假，以及漲停之後的上漲力道有大有小。所以，有人因自己擒拿到漲停獲利而欣喜；有人因自己沒有捕捉到漲停而喪志；有人因自己追漲停遭深套而後悔；有人因自己已經抓到漲停，但又不知道如何研判後市而煩惱，展現出種種人們對漲停的喜悅和恐懼的複雜心理。

　　股市是高收益與高風險並存的場所。漲停也是一把雙刃劍，如同帶刺的玫瑰，在能夠帶來豐厚利潤的同時，也時刻面臨著巨大的風險。所以，成功的投資人在風險來臨時，能夠及時採取舉措將損失降到低點，甚至有效避免這種風險，這是成功駕馭漲停必須達到的境界。

◎ 抓住漲停的規律，享受漲停帶來的獲利

　　在股市中出現漲停的股票很多，幾乎每天都有漲停個股，但散戶可以選擇的並不是很多，能夠抓住漲停的則更少。在大盤強勢上漲的時候，也許很

容易捕捉到漲停，但如果大盤處於弱勢整理時，想抓住一個漲停實在太難了，即使逮住一個漲停也往往有巧合因素。可見，追擊漲停說來簡單，但並非那麼容易獲利。特別是2020年以來，市場運行格局發生明顯的變化，主力不會輕易地連續拉出漲停，加上漲停之後也存在著許多變數，因此抓漲停就顯得更難了。

其實，股價漲停是有一定的規律可循的，細心的投資人從盤面透露出來的蛛絲馬跡，就能成功捕捉到漲停，並掌握最佳買賣點。根據多年的實盤操作和市場檢驗，筆者歸納出本書，旨在為狙擊漲停感到困惑的散戶指點迷津，切實解決在短線抓漲停中遇到的難題，並提供一套正確的操盤思路和方法，幫助散戶熟練掌握狙擊漲停的操盤技法，構建一套適合自己的操盤體系，以全面提升操盤能力和分析水準，讓投資人輕鬆享受漲停帶來的獲利。

全書以理論為前提，注重實戰分析，強調實用技巧，力求引導和提高投資人的分析能力，構建和完善交易體系，掌握捕捉漲停的操盤技法。書中講解的內容，對臨盤操作具有十分重要的指導意義，希望能為投資人帶來實際的幫助。

作者／麻道明

第 1 章

短線、當沖最希望
能抓到漲停，
其背後發生的原因是⋯⋯

1-1

 從消息面研判

　　停板（漲停和跌停）制度最早見於期貨市場，是指期貨合約在一個交易日中的成交價格，不能高於或低於以該合約上一個交易日結算價為基準的某一漲跌幅度，超過該範圍的報價將視為無效、不能成交。後來被引入到股票市場，目的是為了防止交易價格的過度波動，抑制暴漲暴跌的投機現象，對當天價格的漲跌幅度予以限制的一種交易制度。在一個交易日中，交易價格的最大波動幅度為前一個交易日收盤價上下百分之幾，到達這一幅度後立即停止交易。

　　在股市中，對消息（哪怕傳聞）反應非常敏感，不管盤面走勢如何，一則利多或利空的消息，就可能引發大盤或個股的暴漲或暴跌，消息影響股市漲跌已成為人們的共識。

　　長期以來，主力擅長「講故事」，散戶喜歡「聽故事」。主力是「講故事」和「編故事」的高手。業績好的股票可以講一個前景大好的故事，業績差的股票可以編一個重組的故事。市場消息滿天飛，只要是散戶喜歡聽的，主力都可以講出來，甚至可以編出來。因此投資人對消息影響下出現的各種漲停，應有所瞭解和掌握，並採取不同應對措施，捕捉短線買賣的時機。

1-1-1　利多漲停的 6 種狀況

　　利多消息可分為「整體利多」和「個體利多」兩種情況。整體利多是指消息有利於整個市場，不指向特定的個股，市場整體受益，如降低交易稅、降低存貸款利率等。個體利多是指僅給涉及的個股帶來好處，與市場其他個股無關，如重大資產重組、業績大幅增長、主營業務轉型等。

在市場中，有的利多消息具有實質性投資價值；而有的消息雖然看起來是利多，卻是靠「炒作」出來的，沒有任何實質性投資價值。所以，對於各式各樣的利多消息，還必須結合股價的位置綜合分析，實盤中須注意以下幾種情況。

(1) 上升初期出現利多漲停：當市場處於上升趨勢初期時，利多消息會使股價快速上漲，甚至拉至漲停，這是短線追買的好時機。

操作技巧是在利多消息模糊狀態時搶先介入，待利多消息明朗時賣出。這是因為快速上漲使短期內獲利盤增多，容易出現獲利回吐現象，導致股價短期內會產生回檔。當股價獲得支撐重新向上漲升時，短線可以再次買入。

(2) 上升中期出現利多漲停：在市場處於上升趨勢中期時，利多會使散戶對後市更加充滿信心，市場更加活躍，刺激場外觀望資金入市，股價也會加速上升。短線投資人可以考慮在股價回檔時逢低買入。

(3) 上升末期出現利多漲停：股市經過長期的上升，主力已經有了很大的帳面利潤，此時往往會借助利多出貨。因此在大勢或個股處於上升趨勢末期出現利多時，應逢高離場。

(4) 下跌初期出現利多漲停：市場處於下跌趨勢初期時出現利多，會使失望的散戶很快就恢復信心，積極參與交易，股市會隨之出現強勢反彈現象。短線操作可以快速介入搶反彈，但要注意設好停損位，由於此時參與者多為中小散戶，缺乏主力資金支持，因此反彈時間不會太長，反彈空間也有限，短線投資人此時應快進快出。

(5) 下跌中期出現利多漲停：市場一旦在高位完成頭部形態，進入下跌趨勢初期，空頭氣勢就會隨之而來，多頭難以阻擋股價的下跌。此時即使出現一些利多，也只是暫時的延緩作用，市場很難重回上升趨勢。在這種情況下，短線投資人應逢高減倉或退出觀望，待市場做空能量釋放完畢後，再作決策。其實，此時的利多就是給投資人一個出場的機會。

(6) 下跌末期出現利多漲停：在市場處於下跌趨勢末期時，出現利多會使股價提前結束整理，進入下一輪升勢，甚至形成反轉行情，短線投資人可以在股價結束整理、向上攀升時及時介入。

1-1-2　利空漲停的 4 種狀況

　　一般來說，利空消息出來之後往往導致股價下跌，但市場存在幕後主力操盤是不爭的事實，很多時候主力常常跟市場唱反調，逆大眾思維操作，在利空消息公佈時股價偏偏拉漲停。近幾年的實盤中，在業績預虧、停止資產重組、涉牽訴訟等利空消息公佈時，當天股價出現逆勢漲停的個股不在少數。如何對待這種漲停個股，也是投資人實盤中所面臨的難題。在此，就不同情況下出現的利空漲停，為投資人提供一些操作思路。

利空消息的類型

　　目前市場中個股具有恐慌性的利空消息，主要有這幾類：

　　(1) 公司遭受突發性自然災害、高管層涉嫌經濟問題、公司面臨破產、公司造假、行業衰退、業績下降、原計劃（包括專案、題材）被取消、公司涉訴或擔保、股權質押或凍結等等。對這些消息是真是假，是大是小，撲朔迷離，投資人無法作出正確的判斷，因此更加導致市場氣氛恐慌。

　　(2) 公司公告債務纏身：這類消息給人的感覺就是「這家公司形象很差」，或「大概面臨虧損甚至馬上要停牌」，其實這不過是主力的計策。

　　(3) 公司公告將出現嚴重虧損：並非所有公告虧損的個股都能變成黑馬，但不少黑馬確實是從那些讓人避之唯恐不及的虧損股中誕生。大家可以關注那些公告虧損之後，股價連續跳空下行，隨後在低位連續放量的個股，此類個股多是主力利用「虧損」來騙籌。

利空消息分析方法

　　作為散戶如何識別主力是否借用利空消息刻意打壓股價呢？應如何應對利空漲停呢？整體來說，在利空消息出現時，散戶普遍採取「能跑則跑、能避則避」的操作策略，此外應格外注意以下幾個方面：

　　(1) **看利空性質**：上市公司發佈的利空消息五花八門，既有確定性的利空，比如長期以來生產、經營存在嚴重問題，導致公司業績持續下滑等；也有突發性的利空，比如因災害導致公司出現重大損失等。既有對公司今後的發展帶來致命打擊的大利空，也有對公司今後發展影響不大的小利空。既有包含實質性的真利空，也有只是看上去十分嚇人的假利空。對此，投資人一

定要保持頭腦清醒，對利空性質分析清楚後再定奪。

(2) **看股價走勢**：一般來說，凡是利空消息都會對上市公司股價產生不同程度的影響，只不過這種影響有的提前、有的滯後。因此，投資人在遇到利空消息時，重點要看利空公佈前股價有沒有作出提前反應。如利空公佈前，在大盤和其他股票走勢相對平穩的情況下，「利空股」已經出現一定程度的跌幅，提前消化利空對股價的影響，在這種情況下公佈的利空消息，投資人就沒有必要過於擔心。如在利空公佈前，利空股一切「正常」，未出現下跌，甚至有上衝過程，一般來說，會在利空公佈後有一個滯後的反應過程，因此遇到這種情況時，投資人就應該有所警覺。

(3) **看主力成本**：利空公佈前後，如果股價處於相對底部，尚未脫離主力成本，一般來說投資人無須過於擔心。如果股價處於相對高位，且主力尚無脫身跡象，有一定實力的主力也不會放任股價大幅下跌，想離場的投資人只要不是特別貪心，大多會有較好的出場機會。

投資人需要注意的是，對於那些利空消息出來時，股價處於相對高位，且主力已全身而退的個股，投資人應儘量迴避，不應存有任何僥倖心理。

(4) **看活動跡象**：觀察利空消息公佈後，盤面顯示的資訊有無主力活動跡象。如果股價處於低位，主力活動跡象明顯，且時不時出現有規則的大單吸貨現象，極有可能是主力在吸納低價籌碼。如果股價處於高位，主力活動頻繁，成交明顯放量，則多半是主力在倒倉或出貨。

經由上述分析，觀察利空股有無短線投資機會。若沒有機會，就選擇賣出或放棄操作，若有機會，就一路持有或適量買入。

利空消息買入技巧

如何操作利空股呢？具體的操作方法，是在以下兩個時間段裡擇機買入。第一個時間段為利空消息公佈的當日，具體時機如下：

(1) **低開時買入**：一般情況下，個股突發利空消息後，多數情況下都會大幅低開。此時買入雖有慣性下跌的風險，但比低開後又被迅速拉起時再買要便宜得多。

(2) **下跌時買入**：利空股低開後，有的很快被買盤托起，有的則繼續探底。在探底時買入，是繼低開時買入之後又一個較好的買點。

(3) **轉向時買入**：即等待利空股完成低開和探底動作之後，出現向上轉

勢時快速買入，相比前兩個時機，轉向時買入顯得較為穩妥。

第二個時間段為利空消息公佈後的某日。有些股票利空公佈後，既不是「大勢已去」，也不是立即上漲，而是先跌幾天，待恐慌性賣盤全部湧出後再返身向上。對於這種利空股，投資人的最佳介入時機是下跌數日（一般為3~5天）後買入。具體介入方法為：股價下跌時分段買入，掉頭向上時完成建倉。

1-1-3　得辨別真假消息時，你該怎麼辦？

在股市中，一則利多或利空消息，可能引發股市的大漲或大跌。加之受主力因素的影響，使得消息更加撲朔迷離，真假難分，讓投資人捉摸不定。作為理性散戶，面對各式各樣的消息，首先要判斷消息的真實性，然後做出相應的操作策略，判斷消息真假的基本方法如下：

(1) **辨別消息來源**：來自正規管道的，可信度高；道聽塗說的，可信度差。

(2) **觀察盤面變化**：真消息會大漲大跌，一去不回頭；假消息虛漲虛跌，很快就會反轉運行。

(3) **判斷消息性質**：重大消息會引起股價的大幅波動；一般新聞不會引起股價的大幅波動。

(4) **看消息的透明度**：公開明朗的消息可以作為買賣依據，模糊訛傳的消息可信度低，不能作為買賣依據。

(5) **看漲跌幅度**：假消息漲跌幅度都不會很大，一般在 10%~20% 之間；真消息漲跌幅較大，一般超過 30%。

(6) **從時間上看**：假消息持續時間較短，真消息持續時間較長。

1-2

從技術面研判

1-2-1　超跌漲停怎麼抓？

超跌漲停的條件

在實盤操作中，捕捉超跌反彈漲停股非常難，因為多數散戶要麼已經被套在高點，要麼錯過低價進場機會，所以追超跌反彈漲停需要一定的技巧，也可以說是需要一些追漲條件。那麼捕捉這樣的漲停股有什麼條件？

(1) **最好是主力被套**：主力在運作過程中，如果出現操作失誤，也會被套牢其中，散戶可以從前期量價分佈情況進行辨別。當前價位距離主力成本區越遠，則反彈的動能越強烈，反彈的高度越可觀。抓住主力自救的機會，就可以輕易享受主力抬轎的樂趣。

(2) **業績不能太差**：如果業績太差，主力正好利用漲停減倉。有的個股在漲停價打開後巨量成交，而後大幅走低。查看業績時，主要是看巨額虧損。其實業績虧損股從其前期走勢也可以看出，K線圖逐級下滑，長期沒有資金介入，主力減倉的意圖是非常明顯的。

(3) **最好是發生在屢跌不破的底部**：這種情況表示主力不想再往下賣出，成為下跌中繼的可能性較小，之後上漲的機率較大。

(4) **封漲停要堅決**：漲停需要主力態度堅決，封盤迅猛。這表示主力想迅速脫離成本區，或者看好後市，所以抓緊時間搶奪籌碼。

(5) **成交量不能太大**：換手率在5%左右較好，一般次日仍有上衝空間。但是分析換手率大小時，要結合近一段時間以來個股放量情況，以及股本大小進行分析。

(6) **上方沒有明顯壓力區**：超跌反彈時最大的壓力區並非技術上或心理

上的，而是籌碼分佈所形成的壓力區。因為市場長期困擾在熊市中，投資人見漲即賣，只要細微的成交密集區即可形成強壓力，而且在大盤並不瘋狂的情況下，主力也沒有必要強行突破壓力區。一般股票在觸及壓力區時，大多會出現回落整理。因此在個股上行至壓力區時，只要停止上漲即可賣出。

(7) **大盤不能太差**：最好是在底部有可能發生強勢反彈的地方，如果個股漲停對大盤有帶動作用，則是最佳的選擇。

(8) **捕捉的辦法**：以漲停價追擊龍頭股，或者在龍頭股漲停時抓跟風最緊密、上漲最兇的次龍頭。

(9) **最好有板塊效應**：股價漲停最好有板塊聯動效應，如果個股屬於當前市場的熱門板塊，則基本上可以穩定獲利。

(10) **前期跌幅較大**：一般而言，股價前期下跌幅度越大，做空能量釋放越充分，後市反彈空間也就越大。階段性跌幅超過50%，或者股價嚴重超賣的，反彈機率較高。

如果滿足上述條件的超跌反彈漲停股，那麼投資人便可以放心地追買，可以確保短線獲利機會。

超跌漲停實盤分析

在沒有利空的情況下，股價超跌是最大的利多。超跌反彈行情可以分為兩種情況：一種是前期快速下跌後，形成V形反彈走勢，這是「跌」出來的漲停；另一種是經過長時間的下跌整理後，股價出現超跌反彈行情，這是「磨」出來的漲停。

如圖1-1四環生物（000518）的K線圖所示，該股逐波下跌後，在整理末期出現加速下跌，引發恐慌性停損盤出現，累積跌幅超過70%，股價超跌嚴重，此時主力逢低吸納了大量低價籌碼。2019年2月1日收出止跌性K線，次日一波強勢漲停，迎來報復性超跌反彈行情，股價連續漲停，成交量持續放大。這類個股的上漲完全是前期跌出來的，投資人可以大膽追漲停板跟進，短線獲利機會較大。

如圖1-2眾信旅遊（002707）的K線圖所示，股價經過一輪盤升行情後，隨著大盤整理而出現快速回落走勢，短期股價超賣。2020年2月4日收止跌性K線，次日股價強勢漲停，形成超跌漲停，隨後出現V形反彈走勢。

如圖1-3深大通（000038）的K線圖所示，該股前期出現一波快速打壓

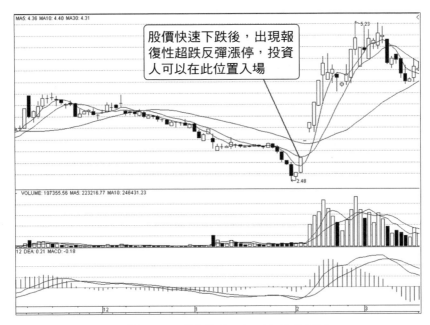

▲ 圖 1-1　四環生物（000518）日 K 線圖

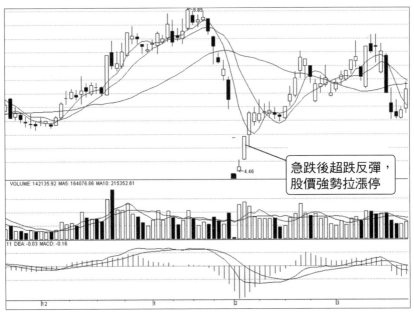

▲ 圖 1-2　眾信旅遊（002707）日 K 線圖

後，股價出現止穩盤整，累積跌幅較大，主力在此期間吸納了大量的低價籌碼。2019 年 8 月 19 日出現一字板，點亮一波強勢反彈行情，當股價反彈到前期盤整區位置時，遇到前方壓力而出現盤整。此後，股價不斷向下盤跌，回檔幅度超過 50%，同樣屬於超跌現象。由於主力並沒有成功撤退，11 月 15 日開始又出現超跌反彈，股價連拉三個漲停。當主力成功賣出籌碼後，股價進入中期整理走勢。可見，超跌漲停既是短線獲利機會，又是短線迴避風險機會。

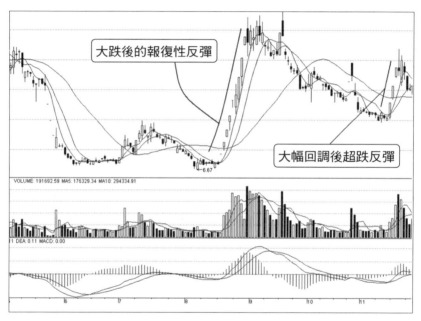

大跌後的報復性反彈

大幅回調後超跌反彈

▲ 圖 1-3　深大通（000038）日 K 線圖

如圖 1-4 長城動漫（000835）的 K 線圖所示，股價見頂後逐波回落，整理時間長達到 4 年，累積跌幅超過 85%，股價嚴重超跌，成交量大幅萎縮。2019 年 11 月 19 日，出現放量反彈行情，股價封於漲停，次日突破 30 日均線的壓力，出現一輪超跌反彈行情。

超跌階段是股價發生劇烈波動的時候，買入時機會對實盤結果產生較大影響。根據實盤經驗總結，超跌漲停的買入時機如下：

(1) 從價格上來看，如果次日開盤價低於收盤價 2% 左右，並保持平盤整

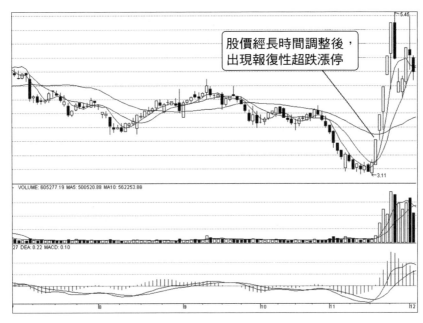

▲ 圖 1-4　長城動漫（0000835）日 K 線圖

理格局可以適當建倉；平開或跳空高開，則應在股價二次探底後介入；開盤後繼續大幅下探則應保持觀望，等待幾個交易日有明顯止穩跡象時再介入。

　　(2) 從時間上來看，在市場處於極弱狀態時，其反彈多發生在收盤前一小時，而在強勢市場中，其反彈多在次日開盤時出現。

　　(3) 從成交上來看，反彈啟動首日的日成交量應在 5 日均量的 2 倍以上，而後的日成交量都要保持在 5 日均量之上。若當日成交量出現天量後迅速萎縮，則往往是短期見頂的重要訊號。

1-2-2　見底漲停如何看？

見底漲停的條件

　　投資人都想在底部買入股票，但不知道如何去判斷底部，以至於去猜測底部，結果抄底抄在半山腰。其實真正的市場底部是走出來，有一定的運行規律。底部漲停的基本條件如下：

　　(1) 前期整理時間充分，股價累計下跌幅度大，跌幅最好超過 50%。

(2) 實際流通股本越少越好，股本越小，主力越容易控盤。股價處於低位，具備投資價值，比價性高。因為股價越低，主力耗資越少，市場越容易跟風。

(3) 在前期跌勢末期，量能無明顯放大，越縮量越好，表示做空能量衰竭，而當天出現溫和放量漲停。

(4) 集合競價最好高開 2% 以上，開盤後不回檔或者回檔不破開盤價（如果集合競價平開，則開盤後應強勢上拉，不破前一天收盤價）。

(5) 該漲停屬於連續下跌之後，在底部 1 個月以內出現的第一次漲停，當天漲停時間越早越好，第一個封漲停的更好。

(6) 個股有基本面支持，具有突發性題材或相關板塊題材。

這裡要特別強調的一點是底部成交量問題，底部成交量以溫和放量為佳。一般來說，成交量比前期橫盤時的地量高出 2 倍以上，但也不能太大。比如，換手率突然大於 20%，或者出現 10 倍、20 倍以上的成交量，說明成交量過大，有主力對倒嫌疑。這是為什麼呢？因為具有較高參與價值的個股，在底部第一個漲停時成交量並不會突然放大，畢竟能看出市場先機的投資人是少數，底部漲停如果量很大，表示參與的人非常多。

試想一下，第一個漲停時散戶敢買的有多少？所以大的成交量必定是主力做出的結果，當然能結合資金性質來判斷就更好。但如果明顯屬於主力自救，則萬萬不可隨意進場；如果成交量放大過猛，更不是一般所指的底部放量。相反地，極可能是主力對後市沒有信心，以至於在半山腰倉皇出逃，後市仍然有較大的下跌空間。總而言之，從底部脫穎而出的第一個漲停既不能是巨量，也不是縮量，溫和放量的漲停才是最完美的量價配合。

見底漲停實盤分析

大跌的股票令人畏懼，但超跌的股票卻更加安全，尤其是股價在下跌幅超過 50% 的可靠性更大，而股價在大跌後無量橫盤數月，夯實了階段性底部之後，出現了一根拔地而起的長陽線甚至漲停，是非常容易吸引跟風資金的，說不定就能引發一波翻倍行情。那麼，什麼樣的底部漲停具有這樣的魅力？那就是底部橫盤漲停戰法。技術意義上就是指，經過充分的築底整理後，在低位出現第一個放量漲停，意味著市場底部已經形成，是中短線介入的較好時機。

　　如圖 1-5 御家匯（300740）的 K 線圖所示，該股經過長時間的下跌整理後止穩小幅回升，然後回落形成一條橫向盤整帶。2020 年 4 月 22 日，股價拔地而起，放量漲停，成功脫離底部盤整區，突破 30 日均線壓制。此後，股價在這根漲停大陽線收盤價附近作短暫的洗盤整理，5 月 6 日再次大陽線拉起，從而展開拉升行情。

　　從盤面可以看到，該股在爆發前出現地量，連日來平均換手率不到 2%，股價累計下跌幅度超過 70%，底部盤整時間長達一年之久。這樣的個股既有中短線投資價值，適合中短線波段操作。

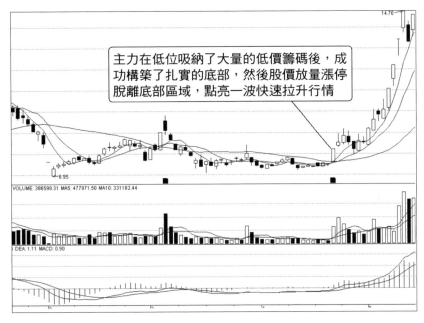

主力在低位吸納了大量的低價籌碼後，成功構築了扎實的底部，然後股價放量漲停脫離底部區域，點亮一波快速拉升行情

▲ 圖 1-5　御家匯（300740）日 K 線圖

　　在底部出現橫盤後漲停，這是大牛股即將啟動的重要標誌，或者是一個典型的見底訊號。散戶就算不願意等待漫長的橫盤時間，那麼在底部尋找漲停個股是件很容易的事情。真正去理解「橫有多長、豎有多高」，這是做波段必須下的功夫。

　　如圖 1-6 江淮汽車（600418）的 K 線圖所示，該股經過幾年的弱勢整理，累計下跌幅度較大。在長時間的底部橫盤中，已經洗掉短線抄底的獲利

盤，盤中浮動籌碼已經很少，盤面震盪幅度漸漸收窄，表示市場成本都差不多，沒有太多的短線獲利盤，而高位的套牢盤也因為浮虧而沒有太大的出貨動作。2020 年 5 月 20 日，收出長時間橫盤後的第一個漲停，股價向上脫離底部區域，從而展開快速拉升行情。

從盤中可以看到，在啟動前出現了「超跌＋地量＋長期橫盤」，蓄勢整理充分，盤中堆積了大量的做多能量。這類個股就可以作為重點關注對象，尤其是突然放量的漲停，更是值得期待。實盤中類似的個股走勢很多，只要投資人用心觀察，一定能找到漲停的奧秘。

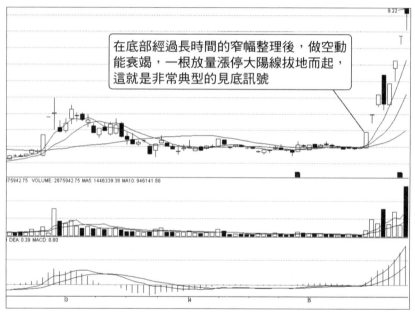

在底部經過長時間的窄幅整理後，做空動能衰竭，一根放量漲停大陽線拔地而起，這就是非常典型的見底訊號

▲ 圖 1-6　江淮汽車（600418）日 K 線圖

1-2-3　支撐漲停一圖秒懂

股價上漲有回檔，下跌有反彈，這是正常的盤面走勢，當股價回檔遇到技術支撐而出現的漲停，是短線重點狙擊對象。

常見的重要技術支撐位有：多頭均線、前期低點（突破後的高點）、通道下軌（突破後的上軌）、成交密集區、形態頸線位、黃金分割位等，股價

回落到這些技術位置附近時，通常會出現一定幅度的反彈走勢，特別是第一次遇到重要技術支撐時，十之八九會出現反彈行情。

如果所處價位不是很高的話，投資人可以積極關注，短線獲利的機率非常大；如果股價處於高位，則有可能演變成為假支撐，此時應謹慎操作。

如圖 1-7 尚榮醫療（002551）的 K 線圖所示，該股經過一波快速拉高後，短線獲利盤湧出，股價快速回落。由於 30 日均線處於上行狀態，具有較強的「助漲」作用，當股價回落到 30 日均線附近時，有力地支撐股價下跌。2020 年 2 月 21 日，收出一根止跌性光頭光腳小陽線，次日股價小幅高開後震盪走高直至漲停，表示 30 日均線支撐力道非常強勁，也說明主力洗盤整理結束，還反映有資金積極進場，從而開啟新的拉升行情。

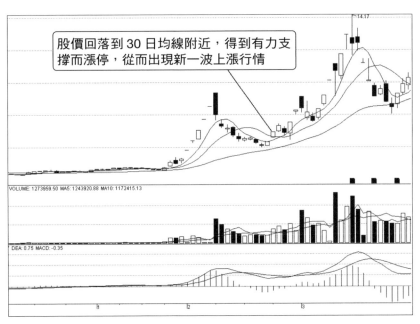

股價回落到 30 日均線附近，得到有力支撐而漲停，從而出現新一波上漲行情

▲ 圖 1-7　尚榮醫療（002551）日 K 線圖

如圖 1-8 創元科技（000551）的 K 線圖所示，該股見底止穩後出現小幅回升，當股價回升到前期盤整區附近時，受套牢盤賣壓而再次回落前低附近，盤面似乎要出現向下突破。但 2020 年 5 月 20 日盤面化險為夷，一根放量漲停大陽線拔地而起，開啟一波短線拉升行情。

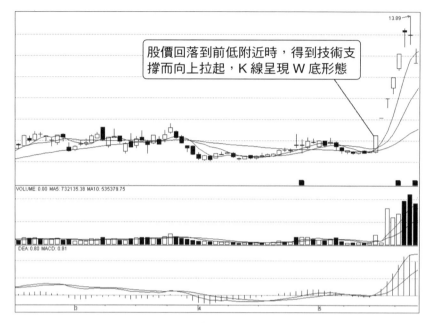

股價回落到前低附近時，得到技術支撐而向上拉起，K線呈現 W 底形態

▲ 圖1-8　創元科技（000551）日 K 線圖

從盤中可以發現，首先是股價無量整理，反映短期做空能量減弱，持籌者惜售，前低附近有較強技術支撐；其次是股價強勢拉起，顯示出支撐位附近有買盤逢低介入，技術支撐得到展現；其三是漲停大陽線的出現，在K線結構上形成 W 底形態，支持股價進一步上漲。可見，該股前低技術支撐位是一個較好的逢低買入機會，股價強勢漲停又是一個加碼進場訊號。

在實盤中股價回檔時，主力常常刻意向下打壓股價，造成技術破位走勢表面上技術支撐失去「支撐」作用，讓短線技術派炒手選擇離場，隨後股價快速強勢回升，重新站到技術支撐位之上，並形成新的上漲行情。

如圖1-9東方通信（600776）的 K 線圖所示，該股經過一波上漲行情後，盤中堆積了大量的獲利籌碼，主力展開洗盤換手。2019 年 1 月 30 日，股價向下擊穿了 30 日均線，且連續 3 個交易日收於 30 日均線之下，在技術上形成破位之勢。2 月 11 日，一根漲停大陽線拔地而起，開啟了新一波更為凌厲的拉升行情。

其實從盤面不難發現，在股價向下擊穿30日均線後，並沒有出現恐慌性下跌走勢。而且，30日均線處於上行狀態，首次回落到該位置往往都有一定

的支撐作用，雖然一度回落到30日均線之下，但並沒有失去支撐作用，仍然具有助漲性。所以，實盤中遇到這類個股時，可以大膽進場。

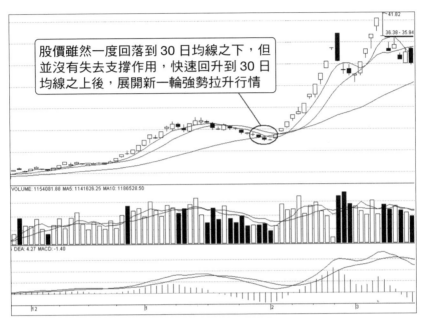

股價雖然一度回落到 30 日均線之下，但並沒有失去支撐作用，快速回升到 30 日均線之上後，展開新一輪強勢拉升行情

▲ 圖 1-9　東方通信（600776）日 K 線圖

1-2-4　加速漲停一直追

　　主力完成吸籌、試盤、洗盤等一系列工作後，必然進入加速拉升階段。拉升是股價上漲速度最快的主升階段，也是漲停密集出現的高峰時期，抓住一波拉升行情可以達到或超過一年的投資收益。主力常用的拉升手法有：狂飆式拉升、急速式拉升、台階式拉升、波段式拉升、洗盤式拉升、震盪式拉升、推進式拉升、隨意式拉升和圓弧式拉升等。

　　一般而言，相對於主力建倉、整理、出貨來說，拉升階段的時間週期最短。**如果不能準確掌握拉升節奏，很容易錯失短線暴利行情，或者進場時間太晚，導致利潤空間有限，甚至被套。**因此，投資人必須熟悉主力常用的拉升手法，以便在主力拉升初期進場做多，靜等主力拉升之後滿載而歸。當然，主力的拉升手法因不同操盤風格、不同市場背景，個股拉升方式也千姿

25

百態，強勢主力股的走勢更是千變萬化。

如圖 1-10 星期六（002291）的 K 線圖所示，該股主力吸納了大量的低價籌碼後，2019 年 12 月 13 日向上突破，出現一輪強勢拉升行情。在拉升過程中，共拉出 17 個漲停，股價節節拔高，成交量持續放大。拉升節奏清晰，收出一根小陰線或小陽線後，在盤中出現若干次加速漲停形態，盤面氣勢強盛。

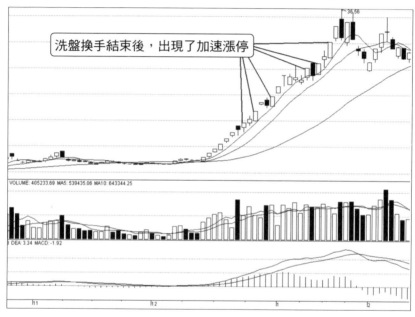

▲ 圖 1-10　星期六（002291）日 K 線圖

遇到這類個股時，在股價強勢整理結束後再次拉漲停時追漲介入，只要理解「會漲的股票不會跌，會跌的股票不會漲」的道理，就可以輕鬆地捕捉到拉升階段的大牛股。

拉升階段的操作策略如下：

(1) 估算主力的拉升高度：在解釋這個問題之前，必須區別不同類別主力的獲利要求：① 短線主力的拉升由於收集的籌碼比較少，一般都不會將股價拉得太高，通常在 10%~20% 之間，超過 30% 以上就要有個股的重大利多消息或大勢環境的極力配合；② 中線主力的拉升由於控盤高、時間長、

投入多、成本高，拉升幅度顯然要求大一點，一般在 80%~100%，強勢主力股或潛力股超過 200%、300% 以上者，不乏其例；③ 長線主力比中線主力要求利潤更高，拉升幅度更大，持續時間更長，但往往分為幾個大波段操作，每一個波段的利潤區都較大，一般漲幅都在 100% 以上。

⑵ 在拉升初期，介入的價位以不超過主力成本的 30% 為宜。

⑶ 在拉升中後期，選擇高點賣出：當股價上漲幅度越來越大，上升角度越來越陡，成交量越放越大，就意味著拉升階段也就快結束了。

1-2-5　自救漲停的背後那隻手

主力和散戶一樣，被套也是經常發生的事。那麼，主力被套牢後怎麼辦？等待散戶來救嗎？顯然不可能。主力已經付出龐大資金，是不可能坐以待斃的，只能自己拯救自己，依靠發動自救行情為自己開闢一條出逃的路，因而經常出現主力自救式漲停。

這種操作手法極其兇悍蠻橫，使人不敢想像，反映被套主力垂死掙扎、生死一搏的特性。在當日分時走勢圖中呈低開高走，或高開高走，股價回檔至當日均線附近時止穩向上，一波比一波高。有的強勢主力股乾脆沿一條直線上升，不管風大浪急，我行我素。目的是經由漲停吸引散戶關注，引誘場外資金進場，為主力賣盤買單。

如圖 1-11 歐比特（300053）的 K 線圖所示，該股大幅炒高後出現倒 V 反轉，股價階段跌幅超過 60%，主力遭受套牢之苦。不久，出現一波強勢反彈行情，成交量明顯放大，日 K 線連續收出 7 根陽線，很是吸引人，屬於典型的反彈自救行情。量、價、勢、形十分醒目，這是為了吸引散戶，實現自己出貨（如果是一輪真正的上漲行情，主力一般不會如此造出「醒目」的盤面）。主力經由自救大幅減倉後，股價再次出現新的下跌行情。

如圖 1-12 北汽藍谷（600733）的 K 線圖所示，該股大幅炒高後，受大盤影響而暴跌，主力被套其中，在下跌中途主力採取了停損自救手法，然後又採取反彈自救。當主力大幅減倉後，股價出現新一輪暴跌行情，主力自救非常成功。

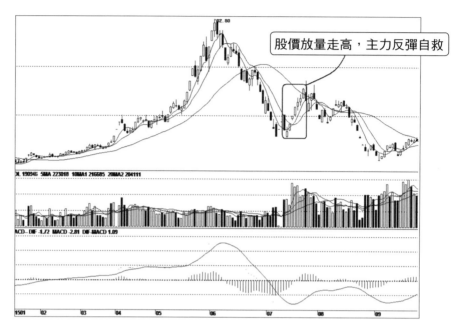

▲ 圖 1-11　歐比特（300053）日Ｋ線圖

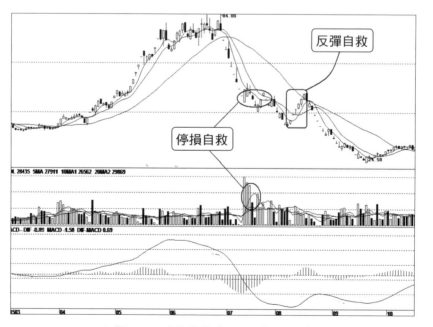

▲ 圖 1-12　北汽藍谷（600733）日Ｋ線圖

1-3

 從市場面研判

1-3-1　業績增長報告一出來時，業績秀！

業績是支撐股價的基石，投資大眾普遍關心的就是個股業績優劣，所以上市公司每次公佈公司業績大幅度提高時，市場中股價順勢漲停是自然的事。個股業績包括已現實業績增長和預期業績增長兩種。

已現實業績增長是投資人看得見的企業「成績單」，經由半年報、年報的今昔對比就能發現業績的變化，主要表現在損益表中的主營收入、每股盈餘、每股淨值等幾大數據。優點為，有實實在在的直觀數據。缺點為，一是未來能否持續增長有不確定性，二是難以辨別報表的虛實。

預期業績增長給投資人帶來巨大的想像空間，炒作的是公司未來。優點是對未來前景充滿期望，缺點是未來能否實現增長，尚有不確定性。

如圖 1-13 達安基因（002030）的 K 線圖所示，2020 年 4 月 14 日發佈業績預告，預計一季度淨利為 1.86 億元 ~2 億元（本書所有金額皆指人民幣），同比增長 558%~608%。報告期內，受 Covid-19 疫情影響，市場對新型冠狀病毒核酸檢測試劑盒及核酸檢測儀器、相關耗材的需求量大幅度增長，對公司業績產生積極影響。

該消息正值疫情爆發期，公司以自主開發、完整貫通的核酸檢測技術全產業鏈平台，啟動充足的產能提供新型冠狀病毒核酸檢測產品，給投資人帶來豐富的想像空間，也給主力帶來拉高的炒作潛力。消息公開後的次日，股價高開後快速拉漲停，從而產生短線拉高行情。

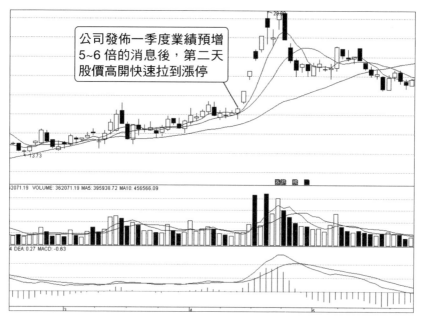

公司發佈一季度業績預增
5~6倍的消息後，第二天
股價高開快速拉到漲停

▲ 圖1-13　達安基因（002030）日K線圖

如何分析股票的業績

業績主要展現在本益比上，越小表示業績越好，但根據行業有所差異（鋼鐵企業的本益比普遍較低）。業績重點看公司的淨利潤以及同比增幅，好的業績主要看以下幾項內容：

⑴ 每股盈餘是投資人每股投資後的收益值，一般是最有代表性的。每年的增長都一步步升高，而且在行業中要排名前列，才算是好業績。

⑵ 業績增長率，要比同行業的百分比大，這裡還要淨資產增長率的增長等，同樣毛利率也是要高的，一般這些指標都要超過20%才算比較好。業績增長率要看每年的增長幅度，且幅度不能大起大落。

⑶ 本益比低一些較好，要適合整個股市中的本益比倍數，一般按經濟增長來算的話，本益比最好在10~30倍之間，超過就有點過高了。本益比計算公式，就是股票的價格除以當年的每股盈餘。

⑷ 未分配盈餘是表示投資人每股尚可以分配到的盈餘，越多越好。但是公司由於種種原因，保留了對這一部分盈餘的分配，可能用於今後的其他用途。

　　(5) 公司的成長性，未來發展前景和目標要明確。

　　(6) 主營業收入增長，這一點很重要，越大越好，因為有些公司並不是由自己本公司的能力產生獲利的。如果是靠其它投資賺錢，那麼這個公司就不符合了。

　　(7) 淨資產收益率，是表示每股淨資產的收益率，也就是每股盈餘與每股淨資產的比率，通常也是一種衡量公司獲利能力是否強勁的標準。

　　當然，業績好不代表股票會漲，要判斷股票好不好、會不會漲，還要看這個公司未來有沒有能夠推動業績繼續增長的條件、公司產品的價格和原料價格的變動，或公司在行業內的地位和未來持續擴張的潛力等等，都不是幾個數字所能說明的。

業績增長股的操作技巧

　　投資人在選擇預增股時，應注重業績增長的持續性，具體可以採用如下原則：

　　(1) 為了保障上市公司業績增長的可持續性，投資人要先剔除「一次性」收入（如政府補貼、減免稅等），畢竟這類收入增長對公司的長遠發展影響有限。

　　(2) 業績的增長要確實對公司經營的改善有貢獻，所以，投資人要剔除去年同期基數過低的公司。在已經公佈業績預告的公司中，部分個股預增其實難符其名，不少高預增源於去年基數較低。同時，部分公司淨利潤出現大幅預增，是由於轉讓股權帶來的「一次性」收益。因此，要看重行業趨勢和成長的延續性。

　　(3) 一般投資人應重點關注前期滯漲的績優及高成長股。一般來說，同一行業中出現多家公司同時預告業績增長，就有一定的代表性，表示這個行業的整體成長性相當不錯，投資人可以逢低介入同板塊中還沒有被大肆炒作的個股。

　　(4) 根據歷史經驗，年報披露時間越早且業績超出預期的個股，其股價炒作也是快人一步，大部分散戶往往由於資訊披露不對稱而後知後覺，容易追在已經被主力炒高的個股。因此對預增或高配股的年報行情，投資人必須謹慎選股，多角度挖掘尚未被大肆炒作，或者在低迷行情中被錯殺的個股。

1-3-2　盈餘配息時，填息秀！

　　高配股指配股的比例很大，這是引發股價漲停的重要原因之一。根據實盤經驗，在每年的半年報、年報公佈前後，一些高配股方案的含權個股，往往會得到市場的追捧。如果股價處於低位，大漲或漲停的機率就非常大。在最終配股除權前，股價一般會有一個大幅的拉升過程，甚至一些強勢個股除權之後，還會有走出填權的強勢上漲，所以成為人們狙擊的目標。

　　如圖 1-14 佳禾智能（300793）的 K 線圖所示，2020 年 4 月 23 日晚間公司披露年報，2019 年實現營業收入 22.57 億元，同比增長 67.58%；淨利潤 1.21 億元，同比增長 9.39%；每股盈餘 0.92 元。公司擬派發現金股利 3 元，受此利多消息影響，次日高開 4.77% 後，股價快速拉漲停，然後繼續強勢上攻，短期股價漲幅較大。

　　高配股的實盤操作技巧，有以下幾點：

　　(1) 選擇具備高配股預期的個股：一是股本擴張意願強烈，有再融資要求的上市公司。二是有過現增發行，為了兌現增發時的承諾。三是股東持股

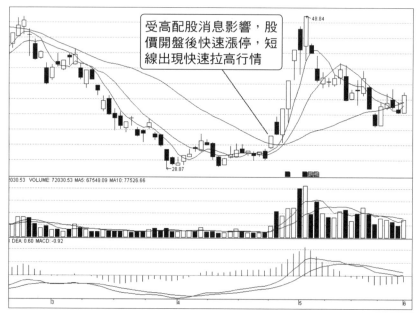

▲ 圖 1-14　佳禾智能（300793）日 K 線圖

比例較高，為了方便股東推出高配股方案引起市場關注。四是財務上「三高」特徵明顯，即每股公積、每股淨資產、每股未分配盈餘。每股公積高意味著配股的潛力較大，每股未分配盈餘高意味著配股的潛力較大。同時，財務上最好當年業績增長，獲利狀況良好，此類股票更容易得到市場的追捧。五是股本規模適中，中小板、創業板、科創板中的一些新「袖珍股」高配股的機率更大。因為新股發行的時候，溢價發行的部分計入資本公積，較高的資本公積和股本規模小為後期高配股創造有利條件。

(2) 高配股為搶權行情和填權行情：上市公司在公佈高配股方案前，市場對於其有較強的預期，一般會推升股價連續上漲，出現搶權行情。一部分強勢個股在配股除權配息之後，還會走出向上的填權行情。這兩個階段是參與高配股的最好時機。

(3) 具體操作技巧：搶權行情在成交量明顯放大、市場對高配股預期較強、資金大幅流入的第一時間介入，等到配股公佈時獲利出場。一些配股公佈前股價漲幅不大的個股，在配股公佈後還有一波拉升過程。填權行情一般參與性不大，除非一些前期極為強勢的個股，主力在高位無法順利出貨，一般除權後會利用股價較低的因素進行拉升出貨。操作上應該快進快出，短線操作為好。

(4) 儘管高配股具有很大的炒作特質，股價一高再高，但是並非所有的配股公佈之後都出現暴漲的模式，其中有部分公司配股發佈之後，不但沒有出現大幅的上漲走勢，反而出現小幅的下跌走勢。

1-3-3　資產重組或借殼上市時，上市秀！

資產重組是市場中永恆的話題。資產重組是上市公司進行資源有效整合的一種方式，也是資本運作的重要途徑。經由資產重組可以卸掉上市公司長期的包袱，重塑市場良好形象，讓「醜小鴨」變成「白天鵝」，讓面臨退市的公司起死回生。重組後的上市公司直接接軌市場的新興產業，大大提高其獲利能力和獲利水準，因此導致股價大幅上漲是常見的事。當前資產重組的方式多種多樣，比如產業轉型、大資金注入、資產抵押、債務豁免或轉移等方式。

如圖 1-15 強生控股（600662）的 K 線圖所示，公司因重大資產重組於

2020 年 4 月 27 日起停牌，在重組期間，公司籌畫以資產置換及發行股份的方式，購買上海東浩實業（集團）有限公司（東浩實業）持有的上海外服（集團）有限公司（上海外服）100% 股權；同時在募集配套資金方面，公司擬向「東浩實業」非公開發行股票募集配套資金不超過 9.73 億元。

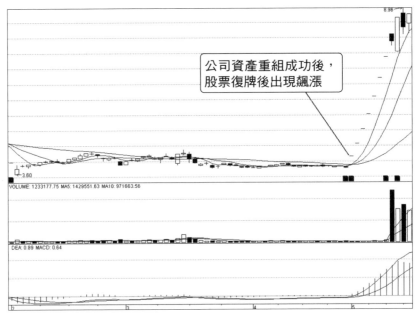

公司資產重組成功後，
股票復牌後出現飆漲

▲ 圖 1-15　強生控股（600662）日 K 線圖

重組完成之後，公司將被上海外服借殼，主營變為綜合人力資源服務，控股股東變為東浩實業，實際控制人為東浩蘭生（集團）有限集團。此次借殼上市成功，將贏得融資擴展的機會，未來頗具想像空間。5 月 14 日，股票復牌後，連續拉出 7 個一字板後繼續強勢上漲，股價從 3.78 元開始漲到 9.31 元。

資產重組股的主要模式

(1) 保配重組模式：指公司大股東為了使上市公司保住配股權，而進行的內部資產置換。這類個股的股價波動容易出現逆勢獨立行情，部分個股可能會因置換資產較好，而出現中線黑馬機會。這種情況容易出現在每年的最後一個季度，特別是 12 月份。

(2) 借殼上市重組模式：由一家新的實力企業購買上市公司法人股股權，並成為第一大股東，或是實現資產的徹底置換。為了使借殼上市的成本較低，一般情況下，這類上市公司的股價容易出現階段性飆升行情。這種重組出現在每年的年中，股價上漲幅度較大，但一般不配股且易增發新股。

(3) 炒作方式重組模式：這種重組模式的目的主要是為了使股價炒作具有題材性，具體有兩種方式。第一種是合作式或局部性重組，股價容易出現短線急漲行情；第二種是成為大股東模式的長線炒作重組，這種重組在時間和步驟上往往具有階段性，以利於炒作者節省資金，股價往往會出現上升通道走勢。

資產重組股的操作技巧

(1) 最容易成為重組的對象：一般來說，公司經營上陷入困境、業績出現虧損、被特殊處理等等，最容易被買家相中。一旦有實力雄厚的大股東介入，未來股價值得重點關注。

(2) 股權轉讓是重組的前奏：新股東經由受讓股權，意味著「重組」拉開序幕。投資人應該關注新東家的背景、實力、所屬的行業，以及在受讓股權上投入的成本。若新股東從事高新技術產業，則意味著日後有源源不斷的題材。通常受讓股權的成本越高，表示新東家志在必得，升幅自然可以看好。

(3) 第一波行情宜捨棄：第一波行情屬於重組行情的前奏，此時往往是知道內幕的人哄搶籌碼將股價抬高所致，隨後必然會出現一次急跌洗盤的過程。

(4) 第一波行情衝高之後急跌，並伴隨著基本面的利空消息，急跌之後才是參與的時機。實際上，這是最後的利空消息，公司往往會將各種潛虧全部計提，為日後的舊貌換新顏打好基礎，股價因而出現最後一跌，成為介入的最佳時機。

(5) 重大資產重組股票買入和賣出時機：重大資產重組永遠是股市的熱點，掌握重大資產重組個股的選股和買賣時機很重要。發現大股東地位變更後，就可以把該股作為備選目標。一旦發現股票出現暴跌，即跌幅達到20% 以上，接下來持續 10~20 個交易日不創新低，即為較佳買點。一般持有到公司重組成功後再賣出，期間可以高賣低買賺價差。

1-3-4　市場主流炒作時，熱門族群秀！

主流熱點是指在市場運行過程中，上漲時衝鋒在前，回檔時又能抗跌，是具有穩定軍心作用的「旗艦」型板塊，並且能夠對市場整體行情發揮舉足輕重的作用。在歷次行情中，從蓄勢、啟動，到拉升和派發，均與行情中主流熱點的運行特徵緊密相連。無論行情規模大小或持續時間長短，也都與行情主流熱點的興衰息息相關。

因此，在一輪較有力道的上升行情中，主流熱點的作用功不可沒。如果將一輪強勢行情比喻為火箭，那麼有凝聚力的主流熱點就是這輪漲升行情的發動機。從某種意義而言，可以說有什麼樣的主流熱點，就有什麼樣的上漲行情。

如圖 1-16 星期六（002291）的 K 線圖所示，該股在底部長時間的震盪中，主力吸納了足夠的低價籌碼後，股價開始向上脫離底部區域，然後經過小幅回落進行洗盤換手。2019 年 12 月 13 日，股價開盤後逐波拉高至漲停，成交量明顯放大，開啟一輪漲勢兇猛的拉升行情，成為強勢龍頭股。該股涉及「區塊鏈＋網紅經濟＋網路遊戲」等主流市場熱點，由於它的走強自然帶動相關板塊的活躍，使相關概念在 2019 年、2020 年的行情中演繹得非常火爆。

主流熱點的市場特徵

能夠發動一輪富有力道上攻行情的主流熱點板塊，往往具有以下特徵：
(1) 主流熱點是一波上升行情裡最先啟動的板塊個股。
(2) 主流熱點是一波上升行情裡漲幅最大的板塊個股。
(3) 主流熱點板塊具有便於大規模主流資金進出的流通容量。
(4) 主流熱點板塊的持續時間長，不會過早分化和頻繁地切換。

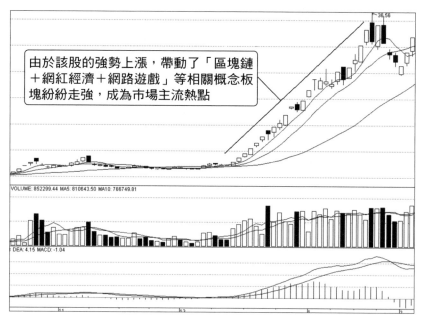

由於該股的強勢上漲，帶動了「區塊鏈＋網紅經濟＋網路遊戲」等相關概念板塊紛紛走強，成為市場主流熱點

▲ 圖 1-16　星期六（002291）日 K 線圖

(5) 主流熱點行情具有向縱深發展的動能，和可持續上漲的潛力。

(6) 具有一定的市場號召力和資金凝聚力，並且能有效激發和帶動市場人氣。

(7) 主力資金實力非常雄厚，並且對政策面、消息面保持高度的敏感。

主流熱點的三大體系

(1) 以行業背景為基礎的主流熱點：行業的主流熱點上市公司無疑有著強大的持續發展能力和巨大的市場吸引力，在各種類型的主流熱點中，以行業的主流熱點最多，近年來漲幅巨大的龍頭股，大多是以行業主流熱點的身分出現的。

(2) 以概念背景為基礎的主流熱點：概念性的主流熱點是市場中最容易上漲，並對行情起落具有領導作用的有影響力股票，也可以稱為板塊主流熱點或領漲主流熱點。

(3) 以地域背景為基礎的主流熱點、綜合性主流熱點：地域主流熱點是指同一地域構成的板塊中所形成的主流熱點。綜合性主流熱點不僅僅是概念

性的主流熱點，也是行業主流熱點和地域性主流熱點。這種綜合性的主流熱點，往往更容易吸引主力資金的關注，行情的爆發力也更強。而且更具有市場號召力和領導力，在各方資金的積極關注下，更容易掀起一飛衝天、天馬行空般的行情。

捕捉熱點龍頭股的方法

　　主流熱點龍頭股是一波上升行情裡板塊中漲幅最大的股票，是主流熱點板塊中的「大哥大」，所以選股就要選主流熱點的龍頭。

　　(1) 根據板塊個股：選龍頭股的具體操作方法，是密切關注板塊中的大部分個股的資金動向，當某一板塊中的大部分個股有資金增倉現象時，要根據個股的品質，特別留意有可能成為領頭羊者，一旦某支個股率先放量啟動時，確認向上有效突破後，不要去買其它跟風股，而是追漲這隻領頭羊，這叫「擒賊先擒王」。這種選股方法看上去是追漲已經高漲且風險很大的個股，實際上由於龍頭股具有先板塊啟動而起，後板塊回落而落的特性。所以，龍頭股的安全係數和可操作性均遠高於跟風股，至於收益更是跟風股望塵莫及。

　　(2) 追漲龍頭股的第一個漲停：如果投資人錯過了龍頭股啟動時的買入機會，或者投資人的研判能力較弱，沒有及時識別龍頭股，則可以在其拉升階段的第一個漲停處追漲。通常龍頭股的第一個漲停比較安全，後市最起碼有一個上衝過程，可以使投資人從容地全身而退。

　　(3) 在龍頭股強勢整理期間介入：即使最強勁的龍頭股行情，中途也會有整理過程。這時是投資人參與龍頭股操作的最後階段，要把握其整理的機遇，積極參與。但是，這種操作方式也存在一定風險，當市場整體趨勢走弱，龍頭股也可能會從強勢整理演化為真的見頂回落。識別龍頭股是見頂回落還是強勢整理，主要從「量、價、勢、形」四要素進行分析，這四個要素必須同時具備才能有效，缺其一就要謹慎對待。

　　(4) 炒熱點應避免兩個誤區：一是炒冷飯，總想在過去的熱點中尋找機會；二是猜熱點，毫無根據地猜測未來的市場熱點。

1-3-5　重大利多公佈時，事件秀！

　　突發重大事件是由於突發性的政策利多，或者由於突發性的事件所形成的一些行業、板塊熱點。或者個股的某些重大利多，比如獲利政府補助、低息貸款、減免稅收、簽訂重大合約等。這類事件應在第一時間判斷出，並結合大盤走勢決定是否介入。因為這類熱點的持續性很難把握，且行情往往受大盤短期態勢影響較大。對於這種機會，介入時要確信兩點：一是大盤短期風險不大；二是熱點形成的因素短期不會結束。

　　如圖 1-17 奧美醫療（002950）的 K 線圖所示，2020 年一場突如其來的 Covid-19，在世界各國爆發。受此突發性重大疫情事件影響，2020 年春節假期過後，A 股首日開市時上證指數大幅低開 8.73%，市場出現恐慌，卻給了醫藥板塊帶來短期利多，相關醫藥股紛紛逆勢上漲。

　　特別是奧美醫療有自己完整的口罩產業鏈，直接受益於「口罩保護」概念，給公司短期帶來獲利機遇，受此影響股價連拉 8 個漲停。

　　遇到突發性重大利多時，實盤操作技巧如下：

　　⑴ 遇到突發性重大利多，空倉者切勿匆忙追高進場，提防「利多出盡是利空」。一般來說，在重大利多出現之前，股價往往會有提前反應，短期有了一定的漲幅，在重大利多明朗後，股價反而走勢疲弱。

　　⑵ 突發政策利多無法改變股價原來趨勢，一旦股價縮量上漲乏力時，應逢高離場。影響股價漲跌的主要因素是基本面，它決定股價中長期漲跌，突發性利多雖然能改變股價短期運行方向，但卻無法改變股價原來趨勢。特別是在股價跌勢中，利多無法令股價趨勢發生根本性轉變。因此突發性利多出現後，一旦縮量上漲乏力，持股者就要逢高離場，防止股價反彈過後加速下跌。

　　⑶ 突發性利多降臨時，短線操作一定要記住：快進快出，切勿貪心。突發性利多造成的上漲，就反彈時間來說，一般在 3~7 個交易日之間，即使是重大利多，反彈時間也難以超過 13 個交易日；就反彈幅度來說，一般在 50% 左右，很少超過 100% 的。反彈過後股價大多會繼續下跌，因此短線操作一定要快進快出，獲利即走，千萬不要太貪心。

　　⑷ 大單或大合約對企業來說，無疑可以大幅度增加利潤，但要仔細分析：訂單什麼時候能動工、什麼時候能完工結算、該項目常規的毛利率是多

少、可以增加每股多少收益等等，都要做個初步評估。

　　(5) 突發性事件帶來的利多刺激，很多時候具有時效性，如禽流感事件給相關制約行業中的某些個股帶來短期利多，但很難持久。大多數漲停都是熱錢的參與，來的急去的快，連續漲停過後往往是一片狼藉，股價會長時間陷入整理之中。所以，遇到這種情況時，一定要仔細分析哪些個股是真正的概念股，又哪些個股是偽裝的。

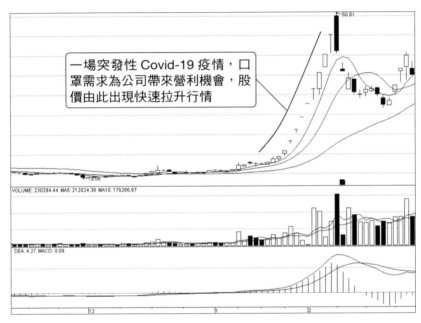

▲ 圖 1-17　奧美醫療（002950）日 K 線圖

第 2 章

【每天學】
看穿主力「拉升」或
「落跑」模式！

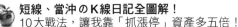
2-1

 6個不同階段的漲停形態

在實盤操作中，大家往往只關注股價漲停，但不知道為什麼會出現漲停，漲停的性質是什麼，結果操作往往無從下手，錯失良機，甚至造成損失。漲停是一種股價激烈波動的極限形態，可以在任何階段出現，但每一次的漲停都透露出不同的資訊：吸籌？拉升？洗盤？還是出貨？這些就是漲停的性質。投資人唯有鑑別出漲停的不同性質，才能進行正確的操作。以下根據不同性質的股價漲停，作詳細說明。

2-1-1 第1日戰記
建倉型漲停：通常會上漲到前期重要壓力位

建倉型漲停的技術要點

在熊市中，主力很容易在低位吃到大量的低價籌碼，因此主力不太可能利用漲停板建倉。但在牛市中，有兩類股票容易受到主力的青睞，一是資質甚好、具備高成長能力的企業，二是突發中長期顯著利多的企業。這兩類企業的股票具備基礎面的強有力支撐，主力在大勢環境較好的情況下，為了取得對股價走勢的控制，常常採用漲停板拉升，完成快速建倉計畫。對於這類股票，在控制倉位分配的情況下，要敢於狙擊，爭取與主力同步建倉，主要操作技術如下：

(1)建倉型漲停通常出現在大幅殺跌後，量能極度萎縮的情況下，主力想建倉，但市場過於超跌導致惜售，很難吸籌。

(2)建倉型漲停的內部結構是漲停反覆打開，放出量能，如此能激發人氣，讓一部分散戶解套交出籌碼。

（3）建倉型漲停出現後，短期股價不會漲得很高，因為只是為了吸引人氣，讓一部分散戶解套交出籌碼。

建倉型漲停的 3 種類型

（1）**底部伏擊型漲停**：這種漲停方式多出現在上升初期階段，主力經過洗盤後，以連續漲停形式進行吸籌。此類漲停較為安全，但漲停連續性較差，一般 1~2 漲停板居多。

操作要領為：第一，大幅下跌後形成止跌訊號，即收盤價高於前一天開盤價或收盤價，成交量放大，股價出現小幅上漲。第二，出現縮量二次探底，並在前期低點獲得技術支撐，即不破起漲線。第三，放量向上突破，出現單倍量（指股價上漲，成交量大於前一天的一倍以上）。概括地說，漲停模型就是止跌後拉高「煞車」，然後縮量回檔「換擋」，小陽加小陰，守住起漲線，經過「煞車」和「換擋」，最後一加油門就是漲停，也稱為「漲停三步曲」。

如圖 2-1 國農科技（000004）的 K 線圖所示，股價經過快速打壓後，2020 年 2 月 4 日出現止跌回升訊號，小幅上漲後縮量回檔「換擋」，而股價不破起漲線。2 月 17 日股價放量漲停，形成單倍量態勢，構成起漲訊號，接著股價出現大幅拉高行情。

（2）**快速拔高型漲停**：出現在長期縮量下跌後（累計跌幅超過 30%），股價幾乎趴地不動，某日以一根漲停大陽線吹響進攻號角，此類漲停往往由於突發利多催生，游資為拉升主要力量。

操作要領為：第一，在大幅下跌之後，出現百日地量，價格突破下降趨勢線。第二，在前期起點附近止跌，若 MACD 指標大級別背離，那麼漲停更有底氣。第三，通常是重大利多刺激，由游資快速拉升。

如圖 2-2 中潛股份（300526）的 K 線圖所示，該股見頂後逐波震盪走低，大批散戶被套牢，也有短線主力被套其中。之後，實力強大的主力看好該股的潛力，不斷採用拉高手法建倉。在 2019 年 4 月 26 日、5 月 13 日、5 月 30 日和 31 日均採用快速拉漲停建倉，解放了前期在底部被套牢的大批散戶。主力此舉是拉高建倉的一種手法，每次拉高漲停後，股價均出現小幅回落整理，給套牢散戶一個解套離場的機會。主力完成建倉計畫後，7 月 1 日開始進入拉升階段，股價從此中線走強，累積漲幅超過 1271%。

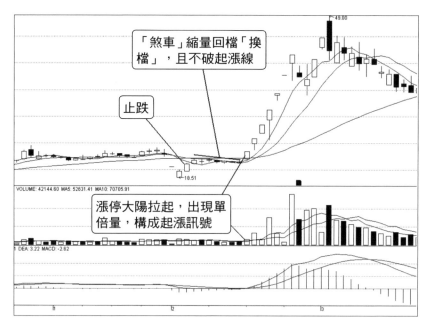

「煞車」縮量回檔「換檔」，且不破起漲線

止跌

漲停大陽拉起，出現單倍量，構成起漲訊號

▲ 圖 2-1　國農科技（000004）日 K 線圖

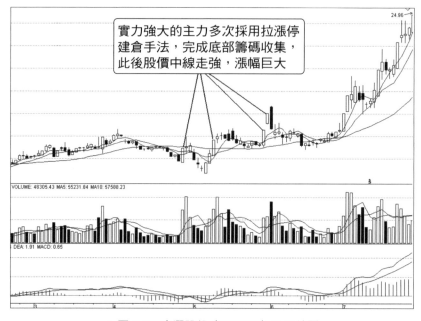

實力強大的主力多次採用拉漲停建倉手法，完成底部籌碼收集，此後股價中線走強，漲幅巨大

▲ 圖 2-2　中潛股份（300526）日 K 線圖

(3) **凹底淘金型漲停**：一般經過盤底之後，突然以漲停形式啟動，K線形態呈現凹底形態，此類漲停容易辨認，上漲持續性較強。操作要領為：第一，不是所有的凹底都能起漲，值得淘金的是有主力臥底的凹底。第二，縮量雙陰、黃金柱是發現主力臥底的核心技巧。第三，參與時機可以結合單倍陽量，及盤面技巧把握。

如圖 2-3 羅博特科（300757）的 K 線圖所示，股價大幅下跌後，在低位出現橫盤整理，2019 年 9 月 6 日股價放量漲停，構成凹底淘金型形態，然後股價向上盤升，主力建倉跡象明顯。均線系統呈多頭發散，成交量形成「單倍陽量」看漲訊號，此時可以大膽追板介入。

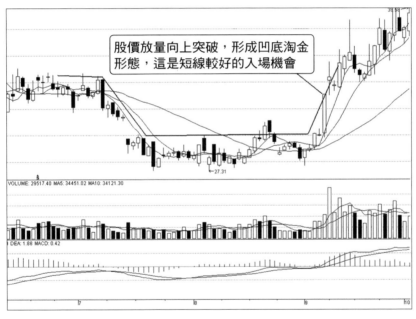

股價放量向上突破，形成凹底淘金形態，這是短線較好的入場機會

▲ 圖 2-3 羅博特科（300757）日 K 線圖

建倉型漲停的操作技巧

分析上述幾個實例後，可以歸納出以下操作技巧：

(1) 建倉型漲停出現前，必然經過大幅無大量的殺跌，這是止跌的前提。

(2) 通常都會上漲到前期重要壓力位（平台、高點）附近，並且會讓這

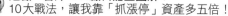
些壓力位買入的投資人解套。

(3) 在操作上，可以在漲停當天買入，關注是否突破這一壓力位，如果能突破這一壓力位，則是建倉的表現。

(4) 因為有主力建倉，回檔幅度不會太大，可以在回檔至突破的支撐位時，補倉買回。

(5) 看清股價位置是重點，這一點非常重要。

每天5分鐘 Tips

在牛市中受到主力的青睞的企業，主力為了取得對股價走勢的控制，常常採用漲停板拉升，完成快速建倉計畫。

2-1-2 第2日戰記
啟動型漲停：暗示市場將進入拉升階段

啟動型漲停在實盤中的重要性：一是能及時發現主力的操盤動機與意圖；二是能及時發現股價的趨勢轉捩點；三是能及時狙擊主力拉升初期的最佳啟動買點。

啟動型漲停就是標誌性漲停K線，具有強烈的向上變盤意義，它是指位於均線系統「多頭發散起始點」的單根或2~3根組合K線，通常以單根K線居多。它的出現往往意味著底部的確立或者市場進入拉升階段，其可信度很高。

標誌性漲停K線不僅可以出現在日線圖上，也可以出現在週線圖或月線圖上。標誌性漲停K線有站立式、貫穿式和跳空式這三種形式，無論是哪一種，都必須伴隨著成交量的明顯放大。標誌性漲停K線也有一些變種，例如有時候表現為一前一後兩根放量陽線，放量是為了突破均線系統的壓力，有時候演變為「三連陽或五連陽切斷均線系統」的經典形態。

需要特別強調的是，標誌性漲停K線變盤訊號的前提，是處於「均線發散起始點」，短、中、長三條均線由黏合狀態向發散狀態轉變的節點位置，也就是說，股價到了變盤的臨界點，才能認為是有意義的標誌性K線。

「站立式」標誌性漲停 K 線

所謂「站立式」，就是指漲停 K 線站在均線系統之上，陽線的根部和均線系統平齊，如平地上站立起來的龐然大物，力氣巨大無比。

如圖 2-4 科迪乳業（002770）的 K 線圖所示，該股成功探明底部後，緩緩向上爬升到前期盤整區域，然後進入橫盤震盪走勢，均線系統漸漸收窄，接近黏合狀態，成交量持續大幅萎縮，意味著股價到達變盤臨界點。此時投資人應關注盤面變化，一旦向上變盤應立即介入。2020 年 3 月 31 日，一根放量漲停大陽線拔地而起，股價底部突破整理平台，均線系統向上多頭發散。這根大陽線成為「站立式」標誌性漲停 K 線，是一個向上變盤訊號，此時投資人應大膽介入，股價出現連續漲停板（以下簡稱連板）。

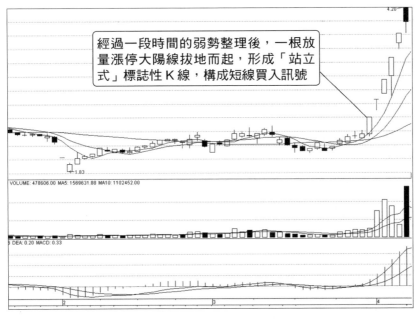

經過一段時間的弱勢整理後，一根放量漲停大陽線拔地而起，形成「站立式」標誌性 K 線，構成短線買入訊號

▲ 圖 2-4 科迪乳業（002770）日 K 線圖

如圖 2-5 保變電氣（600550）的 K 線圖所示，該股在長時間的震盪盤整中，主力成功吸納了的低價籌碼，在主力建倉末期，刻意向下打壓股價，製造空頭技術陷阱，之後股價止穩盤整，均線系統漸漸收窄，接近黏合狀態，成交量持續大幅萎縮，意味著股價到達變盤臨界點。此時投資人應關注盤面

變化，一旦向上變盤應立即介入。2020 年 2 月 27 日，一根放量漲停大陽線拔地而起，股價突破整理平台，均線系統向上發散，這根大陽線成為「站立式」標誌性漲停 K 線。接著強勢上漲，股價出現 10 連板。

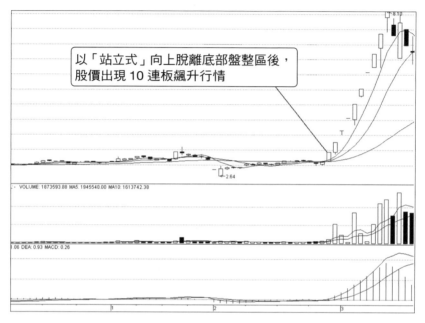

▲ 圖 2-5　保變電氣（600550）日 K 線圖

「貫穿式」標誌性漲停 K 線

　　所謂「貫穿式」，就是指漲停 K 線從均線系統的下方向上貫穿而過，突破均線系統壓制。根據均線系統的運行趨勢，可以分為三種情況：一是均線上行所形成的「貫穿式」形態，這種盤面最強；二是均線平行所形成的「貫穿式」形態，這種盤面一般；三是均線下行所形成的「貫穿式」形態，這種盤面最弱。

　　如圖 2-6 金健米業（600127）的 K 線圖所示，股價見底後向上走高，然後主力進行洗盤整理，股價回落到 30 日均線之下，但股價回落幅度並不大，30 日均線繼續維持緩慢的上行態勢。幾個交易日後，2020 年 2 月 23 日一根放量漲停大陽線從均線系統下方向上貫穿而過，一針穿三線，形成「貫穿式」標誌性漲停 K 線。這根大陽線如出水芙蓉，亭亭玉立，尤其是股價突破上

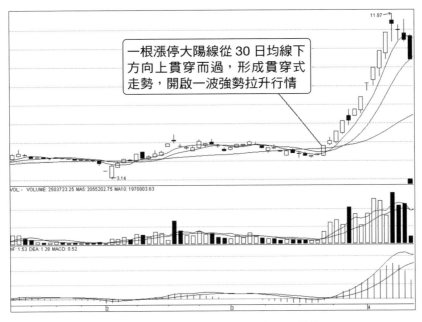

一根漲停大陽線從 30 日均線下方向上貫穿而過，形成貫穿式走勢，開啟一波強勢拉升行情

▲ 圖 2-6 金健米業（600127）日 K 線圖

行的 30 日均線，上漲氣勢更為強勁，從而開啟一輪亮麗的上漲行情。

　　如圖 2-7 創元科技（000551）的 K 線圖所示，該股經過一段穩健的盤升走勢後，進入小幅回落整理，30 日均線漸漸走平。2020 年 5 月 20 日，一根放量漲停大陽線向上貫穿 5 日、10 日、30 日三條均線的壓制，股價脫離底部盤整區，形成「貫穿式」標誌性漲停 K 線，股價出現 5 連板。雖然「貫穿式」形態出現時，30 日均線還處於水平橫向運行，但由於主力前期準備工作充分，其短期上攻力量同樣不可忽視。

　　如圖 2-8 夢潔股份（002397）的 K 線圖所示，該股短線反彈結束後，再次進入回落整理，30 日均線趨於下行狀態，盤面似乎很弱。但 2020 年 5 月 8 日的一根放量漲停大陽線，扭轉了整個盤面態勢，這根大陽線不僅向上突破 5 日、10 日、30 日三條均線的壓制，也突破了底部盤整區牽制，形成「貫穿式」標誌性漲停 K 線。初看，在股價突破時 30 日均線還處於下行狀態，看似突破力道並不大，但由於主力實力強大，前期吸貨充分，一旦突破成功，便會一飛衝天，上攻之勢不可阻擋。

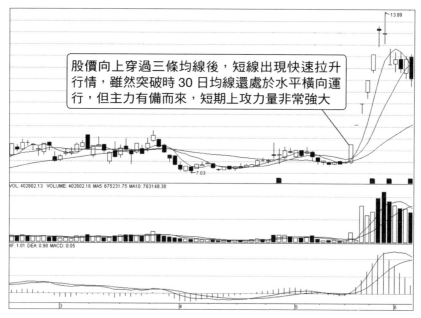

股價向上穿過三條均線後，短線出現快速拉升行情，雖然突破時 30 日均線還處於水平橫向運行，但主力有備而來，短期上攻力量非常強大

▲ 圖 2-7　創元科技（000551）日 K 線圖

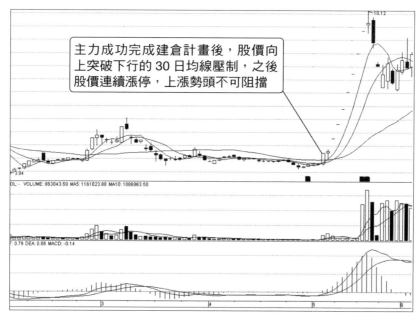

主力成功完成建倉計畫後，股價向上突破下行的 30 日均線壓制，之後股價連續漲停，上漲勢頭不可阻擋

▲ 圖 2-8　夢潔股份（002397）日 K 線圖

「跳空式」標誌性漲停 K 線

所謂「跳空式」，就是指漲停 K 線跳空站在均線系統上方，開盤時形成一個向上跳空缺口，這個跳空缺口是否回補並不影響後市研判。當然，若出現當日沒有回補的跳空缺口，則盤面更加強勁。

如圖 2-9 領益智造（002600）的 K 線圖所示，該股完成一波上漲行情後，進入長時間的橫盤震盪整理，成交量持續低迷，均線系統呈現膠著狀態，在整理末期股價略有下沉，主力作最後的打壓洗盤整理。2019 年 8 月 15 日收出一根漲幅 3.95% 的陽線，次日股價跳空高開 2.85%，盤中強勢震盪走高，並成功封於漲停板，留下一個當日沒有回補的向上跳空缺口，股價突破整理平台，均線系統開始向多頭發散，形成「跳空式」標誌性漲停 K 線，從此股價進入強勢上漲行情。實盤中遇到這種形態時，投資人應大膽介入，短線獲利機率較大。

如圖 2-10 江蘇吳中（600200）的 K 線圖所示，主力完成建倉計畫後，股價小幅爬高，然後進入橫盤震盪整理。2020 年 1 月 21 日，股價跳空高開 4.15%，在盤中經過 40 分鐘的震盪後，從 10:10 開始放量拉升，二波推到漲

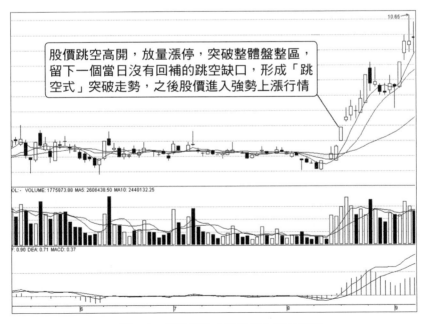

股價跳空高開，放量漲停，突破整體盤整區，留下一個當日沒有回補的跳空缺口，形成「跳空式」突破走勢，之後股價進入強勢上漲行情

▲ 圖 2-9　領益智造（002600）日 K 線圖

停，形成「跳空式」標誌性漲停K線，均線系統向上發散，一輪漲勢行情由此展開。

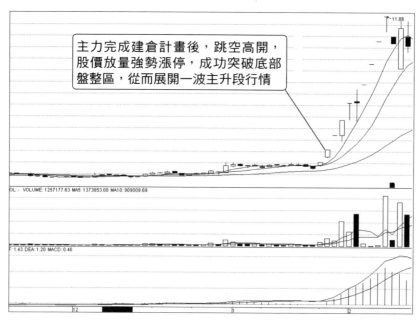

主力完成建倉計畫後，跳空高開，股價放量強勢漲停，成功突破底部盤整區，從而展開一波主升段行情

▲ 圖2-10　江蘇吳中（600200）日K線圖

每天5分鐘 Tips

啟動型漲停就是標誌性漲停K線，具有強烈的向上變盤意義，它的出現往往意味著底部的確立，或者市場進入拉升階段，其可信度很高。

2-1-3 第3日戰記
洗盤型漲停：通常會給散戶3天時間解套

　　散戶一般膽子不是特別大，持倉時間也不會長，和那些慢吞吞的洗盤方式相比，漲停洗盤無論從力道還是效率上，皆屬出類拔萃，在臨盤判別時還要下一番功夫。通常只要個股漲幅不是特別大的情況下，出現的漲停多為洗盤性質，當然這要結合當日的盤面具體分析。

洗盤型漲停的技術要點

洗盤型漲停其價值自然不如建倉型漲停，但如果真的踏空了，也只好趁此機會介入。

(1) 洗盤型漲停主要出現在上漲初期，而下降趨勢中以及大幅上漲後，出現漲停打開的一般不是洗盤，而是出貨型漲停。

(2) 洗盤型漲停一旦打開漲停，通常會在3天內，給在漲停位置買入的散戶解套，以達到洗盤目的。

(3) 在分時圖中，漲停打開的成交量，不能超過封漲停的成交量，即漲停量大、打開量小，這一點很重要。

(4) 漲停打開後，縮量回落，但收盤仍能維持 5% 以上的漲幅。

洗盤型漲停的運行方式

洗盤型漲停主要有以下三種盤面運行方式：

(1) 漲停後出現回檔：在日 K 線上，股價在低位先拉出一個漲停，然後慢慢回落或橫向盤整，形成上方壓力較大而無法突破的假象，讓原先持股者解套或停損離場。這種方式如果在漲停價位買入的散戶，解套時間可能要超過 3 天，這一點與以下的 (2)、(3) 兩種洗盤漲停方式有所區別。

如圖 2-11 美爾雅（600107）的 K 線圖所示，該股在底部震盪過程中，2020 年 2 月 3 日主力向下打壓股價，造成技術形態破位走勢，讓散戶停損離場，然後漸漸止穩震盪。3 月 17 日，股價出現放量漲停，收盤價處在前期盤整區下方，從圖形看來，前期盤整區顯然對股價上漲構成明顯的壓力，散戶對後市股價走勢自然存在諸多疑慮。主力恰恰利用散戶的這個心理，在之後的幾個交易日裡出現橫盤整理，造成股價短期無法突破的假象，讓散戶停損離場。這種盤面屬於漲停後出現的洗盤走勢，應積極追蹤關注，一旦向上突破可立即跟進。

(2) 反覆打開漲停：在分時走勢股價封住漲停後，再打開；然後又封漲停，再次打開，如此反覆進行，不少散戶以為漲停難以封住而選擇離場，以此達到洗盤目的。

如圖 2-12 遊久遊戲（600652）的 K 線圖所示，主力成功完成建倉計畫後，股價突然跳空高開 8.02%，分時走勢中上午維持橫盤震盪，下午復盤後一波式放量拉漲停，封盤後兩次「開閘放水」洗盤，尾盤巨單封漲停。這種

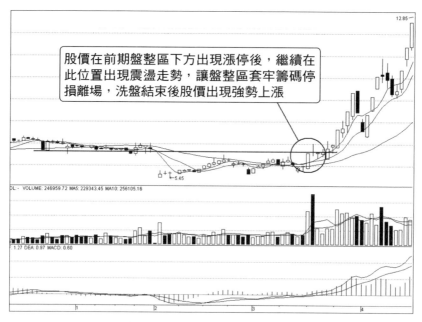

股價在前期盤整區下方出現漲停後，繼續在此位置出現震盪走勢，讓盤整區套牢籌碼停損離場，洗盤結束後股價出現強勢上漲

▲ 圖2-11　美爾雅（600107）日K線圖

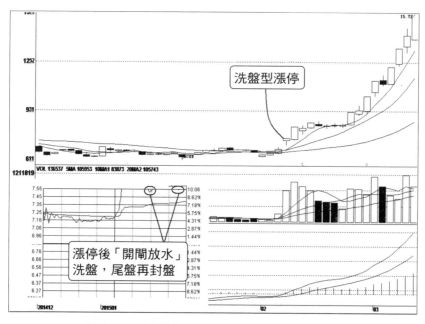

洗盤型漲停

漲停後「開閘放水」洗盤，尾盤再封盤

▲ 圖2-12　遊久遊戲（600652）日K線和分時走勢圖

盤面屬於打開漲停洗盤走勢，經由封盤後再打開，讓膽小的散戶產生漲停封不住的感覺，誤導散戶離場。這種情況如果出現在下降趨勢中或大幅上漲後的高位，不是洗盤行為，而是出貨型漲停，這一點投資人務必要分清楚。

(3) 尾盤封不死漲停：股價在分時走勢中，封盤一段時間後打開漲停板（以下簡稱開板）回落，直到收盤不再封盤，在形態上造成主力減倉的假象。有時在尾盤幾分鐘快速開板回落，一般散戶在第二天上午會選擇逢高離場觀望。這種走勢大多在 K 線上形成較長的上影線，造成上方壓力較大，股價不能突破而衝高回落的假象。

如圖 2-13 所示，該股經過一波爬高行情後，小幅回落進入橫盤震盪整理，股價與均線系統漸漸接近，三條均線呈黏合狀態。2019 年 12 月 31 日，開盤後股價逐波走高，午後一度股價封於漲停，但很快打開漲停，然後一直在高位震盪，直到收盤股價也沒有重新封住漲停板（以下簡稱封板）。這種走勢表面上給人的感覺就是上方壓力大，主力沒有實力封盤或做多意志不堅決，從而讓不少散戶在收盤前離場，其洗盤效果非常好。2020 年 1 月 20 日，洗盤結束後股價向上突破，出現快速拉升行情。

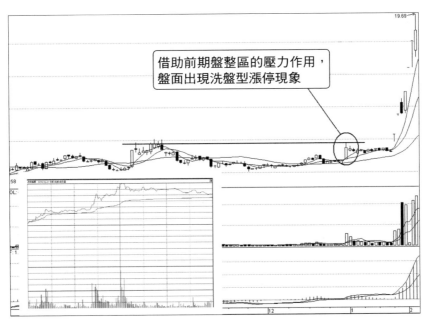

借助前期盤整區的壓力作用，盤面出現洗盤型漲停現象

▲ 圖 2-13　達安基因（002030）日 K 線和分時走勢圖

如圖 2-14 所示，該股止穩後出現小幅回升，然後出現橫向震盪走勢，消磨了散戶的持股意志。2020 年 4 月 9 日，開盤後逐波震盪走高，10:30 股價封於漲停。但在尾盤 15 分鐘時間裡，巨量打開漲停，股價出現小幅跳水，不少散戶見此情形，紛紛選擇尾盤離場觀望。之後兩天股價回落，吞沒了上漲陽線。這是一種洗盤或試盤性漲停走勢，主力意圖就是經由尾盤開板，讓原本有了封板「定心丸」的散戶產生恐慌，誤導散戶離場。4 月 14 日洗盤結束，股價拔地而起，放量漲停，連收 7 個漲停。

　　遇到這種盤面時，關鍵要看隨後幾天的走勢，如果之後幾天繼續走強，可以判斷尾盤的開板就是主力洗盤行為，應大膽介入；如果後續幾天股價走弱，可以認定為只是反彈走勢，後市不宜過於樂觀，有可能進入橫盤震盪或重新出現下跌，此時應離場觀望。

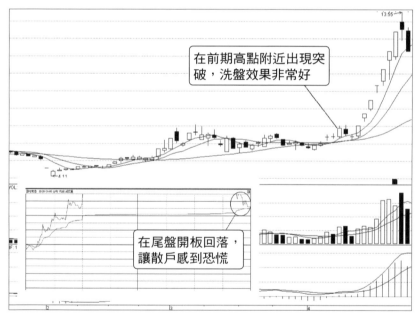

▲ 圖 2-14　國電南自（600268）日 K 線和分時走勢圖

洗盤型漲停的操作技巧

　　(1) 分清位置和漲停性質，在上升趨勢中選擇突破平台、回測支撐最佳。

　　(2) 洗盤型漲停通常在上漲初期出現大陽線，甚至出現漲停，所以選股

難度較低。

(3) 洗盤過程中量能萎縮，再次上漲時出現放量，這是判斷走勢強弱的重要依據。

(4) 上漲初期，出現漲停打開或尾盤不封回去，都可以追蹤關注。

(5) 通常3天內給在漲停位置買進的散戶解套，不要盲目追高，可以在當天分時圖中出現一個小級別的整理時介入，或在回檔到分時均價線附近買入。

每天5分鐘 Tips

在分時圖中，洗盤型漲停打開的成交量，不能超過封漲停的成交量，即漲停量大、打開量小。而漲停打開後，縮量回落，但收盤仍能維持5%以上的漲幅。

2-1-4 第 4 日戰記
中繼型漲停：只會改變原有的運行角度或方式

上漲中繼型漲停是指對原上漲趨勢的繼續或加速運行，它不改變股價原來的運行態勢，只改變股價原有運行態勢的角度和方式。這種漲停一般是在大盤出現震盪走勢時，個股形成橫盤整理後，所出現的漲停走勢。主要技術要點和操作技巧如下：

(1) 股價已經脫離底部區域，但漲幅並不大，且上升趨勢沒有改變。

(2) 這種漲停出現之前，有過強勢上漲或漲停，主力稍作洗盤或整理之後，隨即拉出的漲停。

(3) 這種 K 線組合形態裡，個股拉出了大陽線之後，一般會出現一根或多根小陽線、小陰線或十字星。

(4) 這類個股漲停的當天，一般是跳空高開的，之後強勢高走，氣勢咄咄逼人。

(5) 成交量明顯放大，分時圖中攻擊波、攻擊量峰清晰。

(6) 中繼型漲停是一個買進訊號，後市繼續看好，對投資人而言它具有中線和短線的參與價值。原來持股者可繼續持股為主，持幣者可以在股價突破平台時介入，短線高手可以沿著 5 日均線分批介入，不適合滿倉操作。

如圖 2-15 深南股份（002417）的 K 線圖所示，2019 年 8 月 22 日，股價放量突破底部盤整區，然後出現 4 根小陰小陽整理 K 線，在震盪中股價並沒有出現明顯下跌，顯然屬於強勢整理走勢。8 月 29 日，股價再次放量拉至漲停，表明洗盤整理結束，開啟主升段行情，從而使前面的短期整理成為一個中繼整理平台。投資人遇此情形時，可以在股價突破中繼盤整區時積極跟進做多。

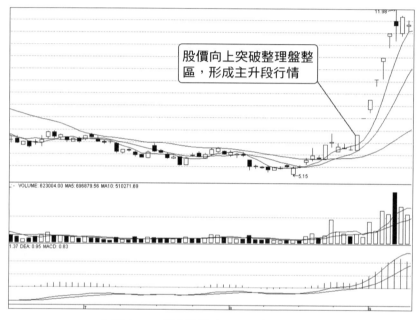

▲ 圖 2-15　深南股份（002417）日 K 線圖

　　如圖 2-16 領益智造（002600）的 K 線圖所示，2019 年 2 月 11 日，股價放量向上突破，連拉 6 根漲停板後出現整理，形成中繼整理平台。2 月 28 日，再次放量漲停，突破整理平台，形成上漲中繼形態，這是一個較好的買點。這種形態顯示出主力洗盤整理結束，股價將展開新的上漲行情。

　　該股主力運行邏輯非常清晰，一是股價突破後強勢整理而不深幅回檔，意味著後市股價仍將向上突破，所以「會漲的股票不會跌」；如果股價突破後出現深幅回檔，就有可能造成對形態的破壞，所以「會跌的股票不會漲」，這一點投資人應多加研究。

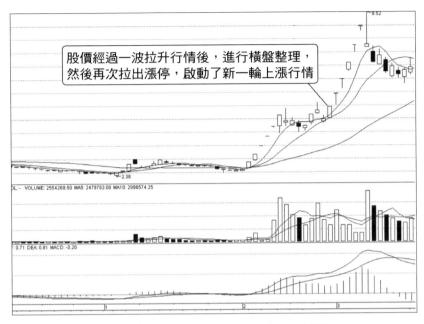

▲ 圖 2-16　領益智造（002600）日 K 線圖

　　二是可以暫且將 2 月 25 日和 26 日兩天的走勢定義為主力拉升失敗，但僅僅經過一天的整理後，在 2 月 28 日再次拉出漲停，盤面性質就不一樣了，這時已經充分暴露出主力做多意願。可以進一步說，如果主力不想做多股價，那麼就不可能在 2 月 28 日繼續出現漲停，所以主力做多意願露出馬腳，此時投資人應大膽介入。

每天 5 分鐘 Tips

中繼型漲停是一個買進訊號，後市繼續看好，具有中線和短線的參與價值，短線高手可以沿著 5 日均線分批介入，不適合滿倉操作。

2-1-5 第5日戰記
出貨型漲停：換手率超過 20% 時，不應進場

出貨型漲停主要有兩種情形，一是股價處於高位，主力利用漲停板誘多出貨；二是股價處於下跌反彈階段，主力利用漲停板出貨。所以，就此類兇悍個股的實盤操作來講，如果出現以下特徵時不應進場：

(1) 股價有過快速拉升，成交量巨大，換手率超過 20%，且股價明顯滯漲。

(2) 在日線上出現吊頸線、射擊之星、大陰線等頂部 K 線特徵，且出現對應的巨大成交量時，則萬萬不可介入。

如果投資人已經在前期的拉升過程中介入，則可以持有到出現上述K線特徵，或跌破 5 日均線時再減倉或清空觀望。

快速拉升出貨型漲停

在所有拉升出貨手法中，快速拉升出貨型是最為強悍的手法，大多出現在小型股中的操作。在拉升過程中，K 線往往以接連跳空的一字漲停或大陽線漲停為主。同時，上漲過程中量能並不是很大，但到了頂部後，會出現巨量滯漲的現象，這是出貨的明顯特徵。

如圖 2-17 萬通智控（300643）的 K 線圖所示，2019 年 12 月，該股主力借利多快速大幅拉升股價，連拉 6 個漲停後在高位大幅放量減倉，由於當時大勢環境不佳，主力出貨並非如願。從 12 月 16 日開始，實力強大的主力繼續快速縮量拔高股價，製造強大的視覺效應，引發市場廣泛關注。因此，主力可以慢慢在下跌時出貨，並在 2020 年 1 月 6 日和 17 日又採用了高位漲停誘多出貨，當主力完成出貨後，盤面陷入中期整理走勢，股價基本上回落到起漲點。投資人遇到這種盤面走勢時，不要猶豫，應儘快逢高果斷離場。

邊拉升邊出貨型漲停

邊拉升邊出貨型手法，在中小型股中比較多見。拉升過程雖然沒有快速拉升出貨型兇悍，但拉升相當迅速，成交量也處於高換手狀態。這種手法往往會給投資人介入的機會，所以具有重要的實盤操作意義。這類個股的操盤核心，就是跟隨短期趨勢進行操作，具體操盤方式如下：

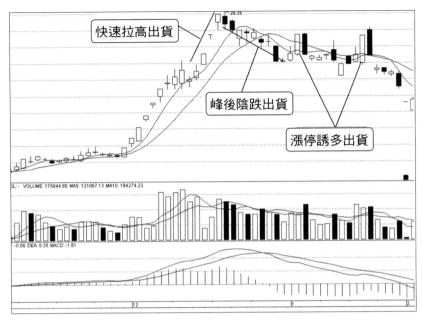

快速拉高出貨

峰後陰跌出貨

漲停誘多出貨

▲ 圖 2-17　萬通智控（300643）日 K 線圖

1. 買入條件

　　⑴ 技術形態必須保持完好的上升趨勢。

　　⑵ 在拉升過程中，日換手率不應高於 10%。

　　⑶ 以 5 日或 10 日均線作為短期趨勢線，緊貼 5 日均線分批介入。

2. 賣出條件

　　⑴ 單日巨量換手率超過 20%，且股價明顯滯漲。

　　⑵ 在日線上出現吊頸線、射擊之星、大陰線等頂部 K 線特徵，且出現對應的巨大成交量時，則萬萬不可介入。

　　⑶ 股價有效跌破短期趨勢線，即 5 日或 10 日均線。

　　如圖 2-18 麥克奧迪（300341）的 K 線圖所示，該股主力成功吸納了大量的低價籌碼後，股價慢慢向上爬高，然後進行短期的橫向震盪整理。2019年 11 月 15 日，以一字漲停板（以下簡稱一字板）的方式向上突破，股價出現飛漲，短期漲幅翻倍，主力獲利豐厚。在高位股價出現震盪，上漲步伐明顯有些遲緩，表示主力已無心繼續做多，從 K 線組合排列中可以看出端

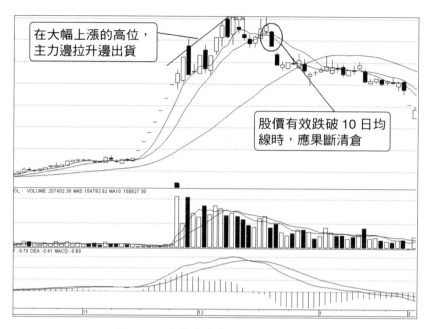

▲ 圖2-18　麥克奧迪（300341）日K線圖

倪，但主力為了出貨方便，還不時拉出幾個漲停來誘多散戶。這顯然屬於主力邊拉升邊出貨型漲停的操作手法，期間出現的4個漲停，就是主力為了更好派發籌碼的故意拉高行為。投資人遇此情形時，不但不能盲目進場，還要做好逢高離場準備，12月19日當股價跌破10日均線時，應果斷清倉離場。

高位震盪出貨型漲停

高位震盪出貨法經常出現在中長線主力控盤個股之中，由於長時間的吸籌、拉升，個股上漲的空間往往較大，但同時主力之前吃貨也比較多，難以在較短時間內把籌碼賣出，所以經常會採用高位寬幅震盪的手法，來引誘投資人高位介入。

一般來講，震盪的幅度在20%~30%之間。它的每一次拉升，都是為了更好出貨。所以就具體實盤來講，對於穩健的投資人不建議選擇此類個股操作，而對於激進的短線投資人來講，建議在操作此類個股時，要遵循「輕倉快出快進」的原則，不可以重倉參與。

具體操盤核心就是利用整個高位震盪過程中，所形成的上下軌震盪區間

進行操作，在下軌介入，在上軌賣出，利用上下之間賺價差。

如圖 2-19 金力永磁（300748）的 K 線圖所示，該股從 2019 年 5 月 16 日開始出現一波暴力拉升行情，在 12 個交易日裡拉出 10 個漲停，短期股價漲幅巨大，此時主力需要兌現獲利籌碼。由於主力持倉量大，股價被大幅炒高後，很難在高位一次性完成出貨，因此主力採用反覆震盪的方式出貨，在高位拉出多個亮麗的漲停，以誘導散戶進場接單。可見，在高位收出多個漲停，目的就是為了吸引投資人跟風而故意設下美麗陷阱，投資人應謹慎操作，這種漲停不可追。

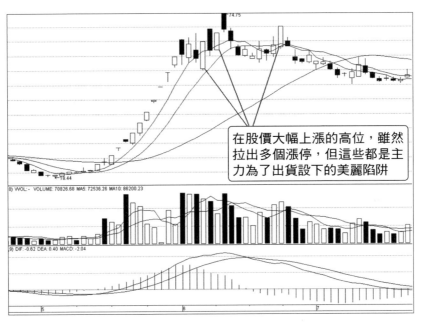

在股價大幅上漲的高位，雖然拉出多個漲停，但這些都是主力為了出貨設下的美麗陷阱

▲ 圖 2-19　金力永磁（300748）日 K 線圖

出貨型漲停分時圖形

主力出貨是正常的市場行為，買賣籌碼是股市生存的形式和條件，沒有理由抱怨和置疑。有時候出貨不代表個股後市股價會下跌，很多時候只是市場某一時期的階段性行為或短期波動，所以不能一概而論。以下介紹幾種典型的分時出貨型漲停形態，投資人可以結合日 K 線作分析歸納。

(1) **高開低殺**：在高位股價大幅跳空到漲停價開盤，然後幾筆或一筆大

賣單，將股價「秒殺」到前一日的收盤價附近，個別兇狠的主力可能從漲停打到跌停位置。之後股價又放量快速拉起，再次觸及漲停位置。此後，全天呈現逐波震盪走低態勢，成交量漸漸萎縮。這種「途窮日暮式」的分時形態，對於盤感不佳或者反應較慢的散戶，有一定殺傷力。

如圖2-20梅雁吉祥（600868）的分時線圖所示，該股主力手法極為陰險，股價拉出9個漲停後，再次跳空到漲停價位開盤，然後連續幾筆大賣單賣出，股價從漲停價「秒殺」到跌停價。之後，股價又放量直線拉升到接近漲停價，隨後股價逐波走低，股價在大起大落中逐波走低，主力在巨幅震盪中分批出貨，最終以跌停收盤，當日收出一根幅度達到20%的大陰線。

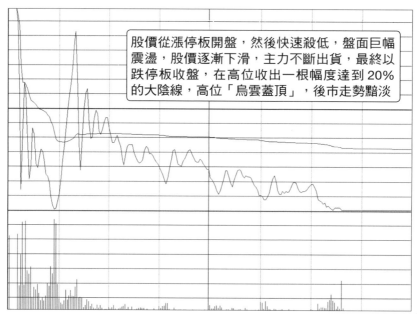

股價從漲停板開盤，然後快速殺低，盤面巨幅震盪，股價逐漸下滑，主力不斷出貨，最終以跌停板收盤，在高位收出一根幅度達到20%的大陰線，高位「烏雲蓋頂」，後市走勢黯淡

▲ 圖2-20　梅雁吉祥（600868）分時走勢圖

（2）**低開漲停**：這種形式與「高開低殺」相反，在高位股價大幅跳空低開，甚至從跌停價位開盤，然後放量向上拉起，個別兇狠的主力可能從跌停拉到漲停，而主力在拉升過程中不斷派發籌碼。在分時走勢中，大多以直線向上拉升，每拉一波行情後，主力就抓住時機趕緊出貨，股價向下震盪回落，回落時盤面並不兇猛，如同一把不見血的溫柔之劍，所以在分時圖中殺

傷力不明顯。這是股價大漲，之後離大跌就不遠了，所以已經漲高了的個股需謹慎追漲。

如圖 2-21 所示，該股主力連拉 6 個漲停後，2020 年 2 月 27 日，股價大幅跳空從跌停價位開盤。開盤後瞬間被大單撬開，然後股價逐波震盪上漲，主力邊拉邊出，股價強勢上漲，10:18 封板直到收盤，當天收出一根幅度達到 20% 的大陽線，盤面吸引了不少排單跟風介入。可是，第二天股價直接從跌停價開盤，將前一天追漲停板買入的籌碼全線套牢，從此股價呈下跌走勢，主力出貨意圖極其堅決。

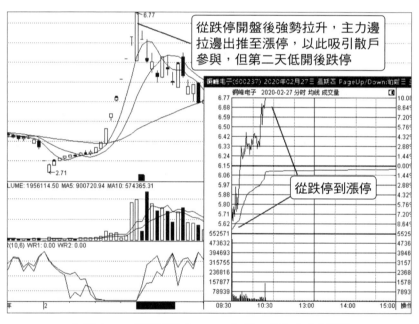

▲ 圖 2-21 銅鋒電子（600237）日 K 線和分時走勢圖

(3) **頑強攻擊**：這種形態在開盤後不久，多頭咄咄逼人，擺出一幅大漲的架勢，向上發起猛烈攻擊，股價逐波強勁上漲或直線單波上行。當大幅上漲後，主力停止拉升，股價開始震盪，主力暗中大量出貨，大多在尾盤還會出現跳水動作。有的個股更加兇猛，股價頑強上攻，一步步向漲停價逼近，似乎在告訴大家股價封漲停已經沒有懸念，於是大批「漲停板敢死隊」紛紛撲進。

當眼看股價就要強勢封漲停時，多方息鼓偃旗，拉升戛然而止。隨後股價緩緩走低，以最低點或次低點收盤，Ｋ線上形成長長的上影線。主力無心或無力封板，股價逐波向下走低。出現上述現象時，次日下跌整理，將當天跟風追漲停板者套牢。在目前市場中，主力採用這種手法比較多，投資人在實盤中應多加研究。

如圖 2-22 所示，2020 年 2 月 10 日，開盤後多頭頑強攻擊，二波強勢拉升，股價一度漲停，此時「漲停板敢死隊」紛紛介入，以為股價能封住漲停。但股價如同蜻蜓點水，僅僅只是碰觸一下漲停價，便返身向下震盪回落，盤中最大跌幅超過 7%。這種走勢表明主力故意拉高出貨，利用早盤人氣旺盛時誘多，當跟風達到頂盛時停止拉高，所以後市股價下跌應當在預料之中。

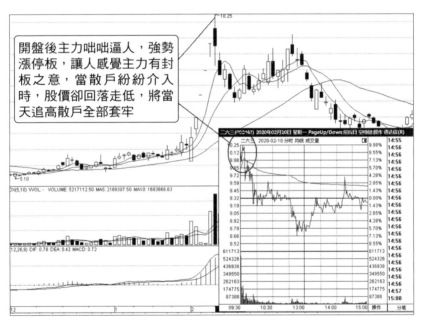

▲ 圖 2-22　二六三（002467）日Ｋ線和分時走勢圖

(4) **停而不封**：這種形態就是股價拉漲停，但不徹底封死盤面，在漲停價附近反覆開板。通常在早盤 10:30 前後快速拉到漲停後，出現短暫（幾分鐘）的封盤，然後打開再封盤，反覆進行，形成「停而不封」的走勢形態。但在收盤時往往能封在漲停位置，不過封單一般都不大，次日大多會低開震

盪。這是主力常用的出貨手法之一，讓喜歡追漲停的散戶有足夠的買入時間。

如圖 2-23 所示，該股前期出現拉高行情，2020 年 5 月 20 日開盤後逐波上行，股價被拉到漲停價位置。封板一段時間後，主力故意打開封盤，在漲停價附近反覆開板震盪。這不得不讓人產生懷疑，如果主力真的想拉升股價，就會果斷封死盤面不動，不給散戶有任何介入機會。在漲停價附近如此敞開大門讓散戶進入，背後一定有不良意圖。第二天，股價低開後大幅收跌 9.03%，幾乎抹去了漲停大陽線的全部漲幅，從此該股陷入短期整理走勢。

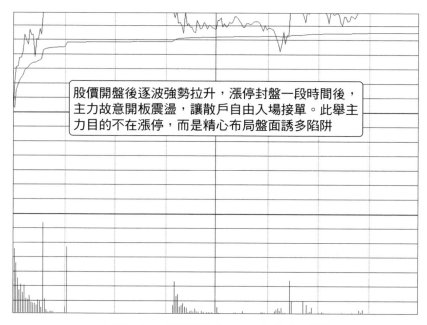

股價開盤後逐波強勢拉升，漲停封盤一段時間後，主力故意開板震盪，讓散戶自由入場接單。此舉主力目的不在漲停，而是精心布局盤面誘多陷阱

▲ 圖 2-23　新農開發（600359）分時走勢圖

每天 5 分鐘 Tips

出貨型漲停主要有兩種情形，一是股價處於高位，主力利用漲停板誘多出貨；二是股價處於下跌反彈階段，主力利用漲停板出貨。

2-1-6 第6日戰記
自救型漲停：屬於主力急於拉高離場階段

自救型漲停一般出現下降通道之中，主力用不惜代價的巨量拉漲停出貨，俗稱「逃命長陽」。由於股價見頂回落後，一來主力顯得出貨比較困難，二來大量壓縮獲利空間。因此，當大盤和個股尚有一絲人氣的時候，在下降通道中不時出現漲停現象，其市場特徵為：

(1) 股價已經明顯見頂，或處於下降通道之中。

(2) 平時的日成交量很小，即換手嚴重不足，市場底氣不足。

(3) 拉大陽線之日放量很大，而且很突然，事先一點徵兆都沒有，這是明顯的短線主力行為。拉大陽線放巨量之後，這類個股不但沒有繼續上漲，反而縮量下跌，這是後繼無力的表現。

(4) 拉大陽線放巨量之日的換手率很高，接近或超過10%，這表示主力急於拉高離場。

如圖 2-24 聯環藥業（600513）的K線圖所示，該股大幅拉高後快速見頂回落，呈現倒V形頂部形態。一般情況下，主力在倒V形頂部中，很難一次性完成出貨計畫，往往還需要後續反彈配合出貨。該股在整理過程中，分別在 2020 年 2 月 25 日、3 月 9 日、4 月 7 日出現三次明顯的反彈走勢，從日K線和分時走勢觀察，主力在這三次反彈中均有明顯的出貨動作。

從日K線分析，2 月 25 日股價漲停，封板至收盤，次日股價高開後快速回落，沒有給散戶減倉的機會，尾盤股價跌停，包容了前一天的漲停陽線，表示主力出貨非常堅決。從 3 月 9 日的分時走勢中可以看出，盤中二度漲停板，尾盤小幅跳水，表示主力利用漲停誘多出貨。

4 月 7 日漲停之後，股價強勢上漲，經過短期橫向震盪走弱，反映主力在反彈高點不斷減碼。散戶遇到這些盤面現象時，不要被漲停誘多進場，應儘快離場觀望。

如圖 2-25 所示，該股見頂回落後，在 2020 年 4 月 23 日 10:00 股價觸及漲停價，但主力不直接封板，而是回落橫盤整理，形成回檔蓄勢假象。主力在橫盤中不斷出貨，上午收盤前幾分鐘強勢封板，保持強勢封板狀態，讓當天介入的散戶深感安心，盤算漲停次日會帶來的漲價獲利。

但第二天股價不但沒有強勢衝高，反而低開後震盪走低，當天以跌停價

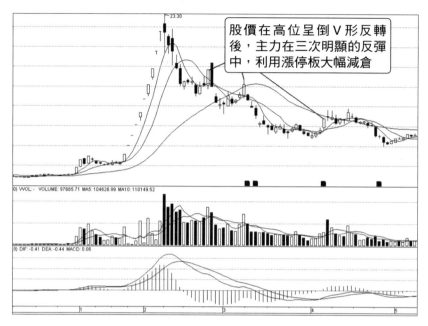

▲ 圖 2-24 聯環藥業（600513）日 K 線圖

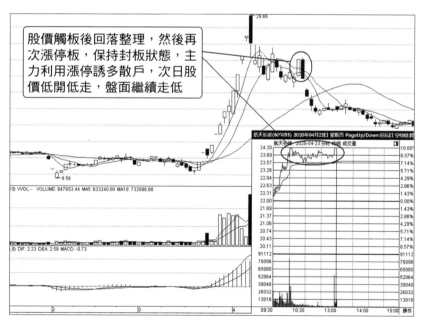

▲ 圖 2-25 航天長峰（600855）日 K 線和分時走勢圖

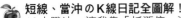
收盤，吞沒了前一天的全部漲幅，從此開啟一輪暴跌行情。這是主力利用強勢反彈行情，製造虛假的盤面吸引散戶打板，看起來主力大單護盤，實則小單減碼，對這種弱勢中的漲停應多分謹慎。

 每天5分鐘 Tips

自救型漲停的特徵為：拉大陽線放巨量之日的換手率很高，接近或超過10%，表示主力急於拉高離場。

2-2

突破性漲停：
盤面即將改變趨勢

　　突破性漲停是指股價改變了原有的運行方式，變為一種新的運行趨勢。就其位置來看，一般出現在跌勢的末期或者說是底部，也常出現在股價運行的前期高點。

　　在股價長期運行過程中，會形成某些有重要意義的位置，比如移動平均線、趨勢線（通道）、技術整理形態、成交密集區域以及黃金分割線、整數點位和時間之窗等。當股價以漲停的方式向上跨越或脫離這些重要位置時，表示市場出現向上突破走勢，股價蓄勢整理結束，後市將有可能出現一段升勢行情，此時投資人可以積極做多。

2-2-1 　第 7 日戰記
均線突破漲停：是明確的看漲訊號

　　均線是反映股價運行趨勢的一種技術指標，當股價由下向上突破均線時，股價由均線下方轉為均線上方，預示股價下跌或整理結束，後市將出現上漲行情，因此是一個看漲訊號。

　　根據均線週期長短，均線突破包括短期均線、中期均線和長期均線三種類型。這裡僅就股價突破 30 日均線為例結合實盤進行分析，其他類型的均線突破，投資人可以自行研判總結。在盤面表現上，主要有以下三種現象：

出現在下跌趨勢的後期

　　股價向上突破下行或平走的30日均線，表示市場將見底上漲，可以逢低買入。主要技術特徵如下：

(1) 股價整理充分，累計跌幅較大（階段性跌幅超過30%，中期跌幅超過50%）。

(2) 股價下跌趨勢減緩，或出現明顯的止穩訊號，在底部形成震盪築底走勢。

(3) 30日均線由明顯的下行狀態轉為平走狀態，且股價在30日均線附近震盪。

如圖2-26中廣天澤（603721）的Ｋ線圖所示，這個例子出現在下跌趨勢的後期，2019年12月19日主力突然發力，股價強勢漲停，向上突破了下行30日均線的壓制，說明盤整走勢即告結束。此時，雖然30日均線處於下行狀態，但隨著股價繼續強勢震盪上行，30日均線也漸漸反轉向上，均線系統形成多頭排列，構成一個較好的買入訊號。

該股在整理結束後向上突破，雖然突破的幅度並不是太大，但突破Ｋ線卻對它發出買入提示，這也是為什麼突破後股價連續上漲的原因。從圖中可以看出，在漲停突破之前，股價整理時間比較充分，下跌幅度比較大，股價回落到歷史低點附近，在此位置具有重要的技術支撐和心理作用。

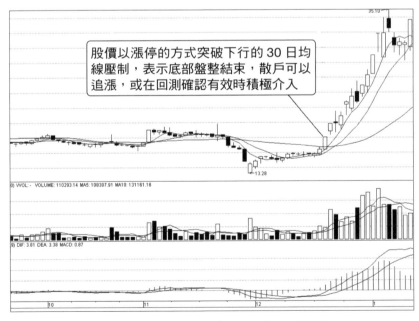

▲ 圖2-26　中廣天澤（603721）日Ｋ線圖

　　而且在突破之前，股價有明顯的止穩回升跡象，這時的漲停也具有加速上漲的作用。同時，在整理過程中成交量大幅萎縮，表示做空動能已經減弱，在大陽線突破的當天，成交量出現溫和放大，顯示有新的多頭資金進場。突破後股價繼續強勢上漲，看漲訊號得到強化。投資人遇到這種突破走勢時，可以追漲或在回測確認突破有效時逢低介入。

出現在上升趨勢的中途

　　股價洗盤整理結束後，股價向上突破上行的 30 日均線，股價將有可能加速上漲。主要技術特徵如下：

　　(1) 股價已經脫離底部，但累計漲幅不大。

　　(2) 縮量回檔，然後放量漲停，有明顯的場外資金介入。

　　(3) 30 日均線保持上行狀態，股價重返 30 日均線之上。

　　如圖 2-27 四方精創（300468）的 K 線圖所示，主力洗盤整理結束後，2019 年 10 月 23 日大幅高開 6.81%，直接跳空到 30 日均線之上，股價出現向上突破上行的 30 日均線壓力。從走勢圖中可以看出，主力在洗盤整理過

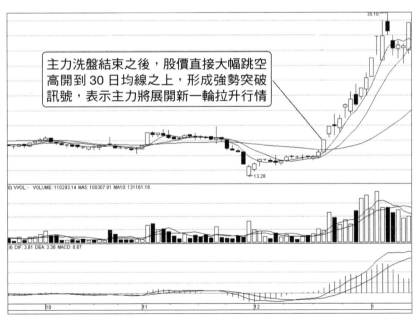

▲ 圖 2-27　四方精創（300468）日 K 線圖

程中，股價向下回落到30日均線之下，成交量出現明顯的萎縮態勢，表示主力並沒有出逃，也反映盤中浮動籌碼不多。經過短暫的整理後，跳空高開到30日均線之上，表示洗盤整理結束，後市將展開新的上漲行情。

該股在突破之前，股價已經有了小幅上漲，主力為了日後更好拉高出貨，展開洗盤整理走勢。在洗盤整理時，30日均線保持上行狀態，顯示「助漲」功能沒有失效，因此這是一個買入訊號。

出現在橫盤整理的末期

股價向上突破水平移動或上行的30日均線，表示蓄勢整理結束，股價將進入新一輪上漲行情，主要技術特徵如下：

(1) 股價已經脫離底部，但累計漲幅不大。

(2) 前期縮量整理，漲停當天成交量再次放大，有明顯的場外資金介入。

(3) 30日均線平走或保持上行狀態，股價重返30日均線之上。

如圖2-28 華揚聯眾（603825）的K線圖所示，2019年12月25日，該股在洗盤整理末期，股價向上突破30日均線壓制，而此時30日均線保持上

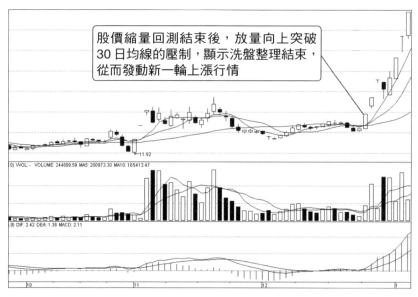

▲ 圖2-28 華揚聯眾（603825）日K線圖

行狀態，表示主力洗盤結束，股價將出現新一波上漲行情，因此這是一個買入訊號。

從這個例子中可以看出，漲停大陽線如果向上突破盤局狀態，反映主力建倉或洗盤成功結束，隨後行情以上漲為主。一般而言，股價盤整時間越長，突破後的上漲幅度越大。因此投資人在實盤操作中，應多留意這類的盤面走勢，一旦成功向上突破就應逢低積極介入。

經由上述幾個例子的分析，投資人應掌握漲停大陽線與均線的關係，重點整理如下：

(1) 均線向上，市場強勢仍將持續，股價向上運行。此時漲停突破均線時，做多訊號最強，應買入。

(2) 均線向下，市場處於弱勢之中，股價向下運行。此時漲停突破均線時，做多訊號最弱，應觀望或在回測確認突破有效時跟進。

(3) 均線走平，市場處於橫盤態勢，股價方向不明。此時漲停突破均線時，做多訊號一般，謹慎操作或在回測確認突破有效時跟進。

(4) 均線呈 45 度角運行時最為理想，角度太陡，謹防回落；角度平坦，支撐力道較弱，此時漲停突破均線時，可以積極做多。

(5) 當漲停突破均線系統時，黏合後的均線系統出現同步向上發散，則加強做多訊號，可以積極做多。

(6) 當漲停突破均線系統時，均線系統已呈多頭排列，則進一步加強做多訊號。

要注意的是，股價向上突破均線，通常是一個普遍看漲訊號，但如果出現在股價大幅上漲後的末期，或下跌趨勢過程中的反彈高點，應防止主力利用漲停假突破進行出貨。

每天 5 分鐘 Tips

均線是反映股價趨勢的技術指標，當股價由均線下方轉為均線上方，預示股價下跌或整理結束，後市將出現上漲行情。

2-2-2 第8日戰記
形態突破漲停：表示股價下跌或洗盤結束

在股價長期運行過程中，可能會形成某些技術形態，如常見的雙重底、頭肩底、圓弧底、三角形、楔形或旗形等，一旦股價成功突破這些技術形態，表示技術形態構築完畢，股價將沿著突破方向繼續運行，因此是一個較好的買入訊號。

雙重底漲停突破

雙重底是一種典型的底部反轉形態，其顯著特徵是股價形成兩個明顯的底部。雙重底大多發生在股價波段跌勢的末期，也會出現在上升或下跌趨勢行情的中段，通常是一個較好的買入訊號。

如圖 2-29 日豐股份（002953）的 K 線圖所示，該股逐波回落後，在底部止穩盤整。在盤整過程中，形成一個雙重底形態。2020 年 3 月 9 日股價放量漲停，向上有效突破了雙重底形態的頸線位，產生一波強勢拉升行情。

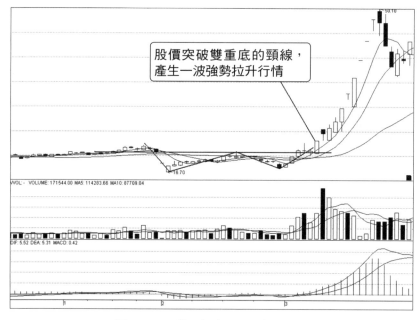

股價突破雙重底的頸線，產生一波強勢拉升行情

▲ 圖 2-29　日豐股份（002953）日 K 線圖

從圖中可以看出，盤面突破符合雙重底形態的基本特徵，預示下跌行情將告一段落，一波較大的升勢行情即將展開，因此雙重底的出現是一個積極的買入訊號。投資人可以根據雙重底形態的相關買賣法則，進場做多。

箱體漲停突破

箱體為一種衝突型走勢，多空雙方實力強弱相當。一般來說，箱體是一種整理形態，在盤整勢道時，升跌皆有可能，長而窄且量小的箱體在原始底部比較常見。突破上下界限後，就產生買賣訊號，漲跌量度通常等於箱體本身的高度，但實際往往遠超這個幅度。

如圖 2-30 聚飛光電（300303）的 K 線圖所示，該股見底後出現小幅盤升行情，之後形成一個上有壓力、下有支撐的箱體整理形態，成交量逐步萎縮，整理時間較長，主力在此階段進行充分的蓄勢整理。2019 年 12 月 10 日，股價放量漲停，向上突破箱體的上限壓力線，並產生一波快速拉升行情。通常股價突破這一位置後，會產生一波升勢行情，可以作為買入訊號。

箱體的出現顯示市況牛皮，出現這種情況大致有以下三個原因：一是市

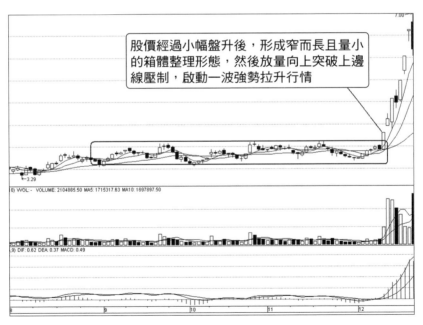

股價經過小幅盤升後，形成窄而長且量小的箱體整理形態，然後放量向上突破上邊線壓制，啟動一波強勢拉升行情

▲ 圖 2-30　聚飛光電（300303）日 K 線圖

場基本面平靜，公司前景欠亮麗，市場進退兩難。二是可能反映主力耐心吸貨，若大手筆買貨會惹來注意，因此故意維持盤整走勢，埋伏在低位吸貨。三是可能反映主力托價出貨，為免股價越賣越低，於是當股價回落至某一水準時便停止拋售，反而以小量買盤將股價推升，引導投資人買入。

潛伏底漲停突破

　　潛伏底形態大多出現在長期下跌後，股價已跌無可跌，同時投資人暫時找不到買入的理由，於是多空雙方形成平衡，致使股價在一個極其狹窄的區間裡呈現橫向波動，成交量也萎縮至地量。在Ｋ線圖上表現為小陰小陽交錯的水平狀，充分反映主力耐心地收集籌碼。經過一段時間的均衡整理後，因利多消息的刺激或主力積極拉升，致使股價脫離底部區域，形成價格大幅上漲，成交量也隨之放大，上升行情迅速展開。

　　如圖 2-31 小商品城（600415）的Ｋ線圖所示，該股經過較長時間的整理後，下跌動能漸漸衰竭，但也缺乏做多力量，致使股價在一個極其狹窄的區間裡呈現橫向波動，期間成交量也十分稀疏，Ｋ線圖呈小陰小陽交錯排

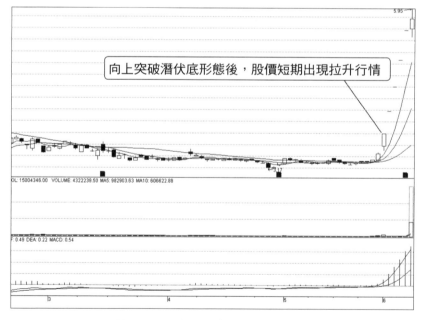

向上突破潛伏底形態後，股價短期出現拉升行情

▲ 圖 2-31　小商品城（600415）日Ｋ線圖

列。顯示出主力悄無聲息地在吸納低價籌碼，預示後市上漲潛力較大。2020年 6 月 1 日股價拔地而起，一根放量漲停大陽線向上突破底部盤整區域，形成一個標準的潛伏底形態，是一個不可多見的多頭看漲訊號。

潛伏底大多出現在市場清淡之時，及一些股本較小的冷門股上。由於持股者不想賣出，持幣者不想買入，於是股價就在一個狹窄的區域裡膠著，既沒有上升趨勢，也沒有下跌跡象，盤面表現令人感到沉悶，可謂黎明前的黑暗。最後，股價慢慢脫離底部區域，市場步入上升趨勢。在潛伏底形態中，戰略性投資人可以悄悄買入，耐心等待股價的上漲。因此在股價向上突破時，應積極跟進做多，上升潛力大而風險小。

經由上述幾個實例的分析，股價以漲停的方式向上突破技術形態時，顯示股價下跌或回檔洗盤結束，是一個較好的買入訊號，投資人可依相關技術形態的法則進行操作。在實盤操作中，應掌握以下技術要點：

(1) 突破的前提是股價的位置和階段。如果處於底部吸貨區域、中途整理區域、主力成本區域附近的，若向上突破其真突破的機率較大，若向下突破其假突破的機率較大。如果處於高位派發區域、遠離主力成本區域的，若向上突破其假突破的機率較大，若向下突破其真突破的機率較大。

(2) 在漲停突破時，盤面必須有氣勢、有力道，且具可持續性。另外，掌握一般技術形態的構築時間，微型的技術形態可靠性不高。

(3) 在觀察成交量時一定要注意價與量的配合，如果量價失衡（成交量巨大突破後回落、突破後放量不漲或突破時成交量過小）則可信度差，謹防主力以假突破的方式出貨。

(4) 當股價無量突破頸線時，且突破的幅度不足以確認為正式突破時，此時有出現假突破的可能。如果股價在突破後不久又再度回到頸線之下（注：並非頸線回測），應予以賣出觀望。

(5) 分析突破時的一些盤面細節，有利於提高判斷準確性。比如，當天的突破時間早晚，通常當天的突破時間越早越可靠，特別是在臨近尾盤的突破更應值得懷疑；觀察當天的突破氣勢，突破時一氣呵成，剛強有力，氣勢磅礴，可靠性就高；突破後能夠堅守在高位的，可靠性就高，如果僅僅是股價在當天盤中的瞬間碰觸，那麼突破必定不能成立。這些盤面細節十分重要，應當細心地觀察分析。

(6) 符合百分比法則和時間法法則，即突破的幅度超過3%，持續時間3天以上。

每天5分鐘 Tips

股價以漲停的方式向上突破技術形態時，顯示股價下跌或回檔洗盤結束，是一個較好的買入訊號。

2-2-3 第9日戰記
趨勢突破漲停：股價突破趨勢線時，慎防假突破

根據趨勢的波段時間跨度、波動幅度長短與大小，以及運行方向和畫製方法，有多種劃分方式。

(1) 按趨勢持續時間的長短：可分為主要趨勢（長期趨勢）、次要趨勢（中期趨勢）、微小趨勢（短期趨勢）。

(2) 按股價運行趨勢不同：可分為上升趨勢、下跌趨勢、平行趨勢。

(3) 按趨勢線的畫製方法：可分為原始趨勢線、修正趨勢線、中心趨勢線（X線）。

(4) 按趨勢線所產生的作用：可分為支撐線、壓力線、黃金分割線、百分比線、扇形線、甘氏線和速度線等幾種。

(5) 按趨勢線變化速度快慢：可分為快速趨勢線和慢速趨勢線。

如圖2-32上海家化（600315）的K線圖所示，股價見頂後逐波回落，形成一條長期下降趨勢線，不斷壓制股價上漲，導致股價大幅下跌。2020年4月22日，股價放量漲停，向上突破了這條下降趨勢線，構成難得的買點，從此股價強勢上漲。

將兩個以上的明顯高點連成直線，這條直線是向下傾斜的，就形成了下降趨勢線，它對股價短暫上漲具有一定的壓力作用。如果股價向上突破這條下降趨勢線的壓力，預示後市股價將轉跌為升，因此是一個買入訊號。

如圖2-33四方精創（300468）的K線圖所示，該股在上升過程中出現兩次突破走勢，2019年8月23日衝高回落後進入整理，形成一條短期壓力線，9月9日放量漲停，突破了這條壓力線，從而形成短線買點，隨後幾日

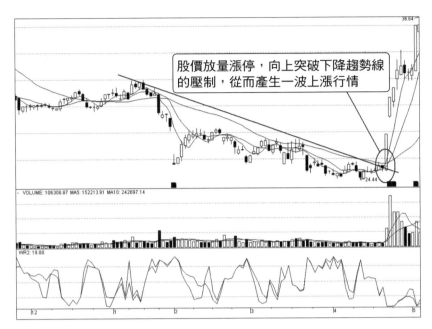

▲ 圖 2-32　上海家化（600315）日 K 線圖

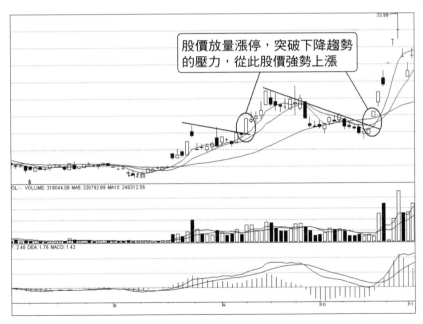

▲ 圖 2-33　四方精創（300468）日 K 線圖

股價強勢上漲。之後，股價再次回落整理，也形成一條短期下降趨勢線，10月23日股價跳空漲停，強勢突破了這條短期下降趨勢線，也是一個短線較好的買點，突破後股價連拉多個漲停。

如圖 2-34 江蘇吳中（600200）的Ｋ線圖所示，主力完成建倉計畫後，股價小幅爬高，然後進入橫盤震盪整理。在整理過程中，形成一條水平趨勢線，股價回升到該水平趨勢線附近時遇阻回落。2020 年 1 月 21 日，股價跳空高開 4.15%，在盤中經過 40 分鐘的震盪後，從 10:10 開始放量拉升，二波推到漲停，成功向上突破了這條水平趨勢線。該水平趨勢線由原先的壓力線轉變為現在的支撐線，因此形成較好的買點，隨後股價強勢拉升。

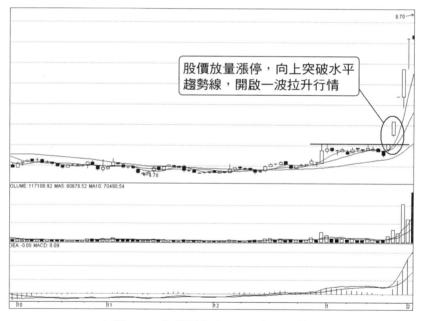

股價放量漲停，向上突破水平趨勢線，開啟一波拉升行情

▲ 圖 2-34　江蘇吳中（600200）日Ｋ線圖

在實盤操作中遇到股價突破趨勢線時，可以從以下幾方面作判斷：

(1)在成交量方面，股價向上突破趨勢線時必須持續放大。但是，如果出現以下兩種不放量的情況時，則不能簡單地認為是假突破：第一，股價突破當天因強勢上漲封住漲停，投資人因惜售導致成交量未能放大，這時不能認為是假突破；第二，股價經過長期下跌之後，突然向上突破下降趨勢線的

壓力，此時可能由於市場人氣經過股價的長期下跌，仍未得到恢復，觀望情緒較重，或者是行情太過突然，投資人來不及作出反應，這時不能簡單地認為是假突破。此時只要在後面幾個交易日中有補量的現象，則仍可視為有效突破。

(2) 下降趨勢線的時間跨度越長，被突破的意義就越大、突破越可靠，之後上漲的空間也就越大。

(3) 股價下跌的幅度越大，突破後上漲的幅度也就越大；股價下跌幅度過小，則突破很可能是假突破，或者僅僅是短期反彈行情，股價仍將繼續下跌。

(4) 看是否符合百分比法則和時間法法則，即突破的幅度超過3%，持續時間3天以上。

每天 5 分鐘 Tips

下降趨勢線對股價短暫上漲具有一定的壓力作用，如果股價向上突破下降趨勢線的壓力，則預示後市股價將轉跌為升。

2-2-4　第 10 日戰記
高點突破漲停：高點成為壓力，並持續一段時間

當股價形成一個明顯的階段性高點時，該高點具有一定的技術意義和心理作用，往往成為後市較長一段時間內的壓力位。當股價成功向上突破這個高點時，表示後市股價上漲空間被打開，具有強烈的看漲意義，是中短線較好的買入時機。但在大幅上漲後的末期或下跌趨勢中的反彈高點，要小心可能是大陽線假突破現象。

如圖 2-35 搜於特（002503）的 K 線圖所示，該股經過一波上漲行情後，由於大勢環境不佳，股價出現回落整理，從而形成一個階段性高點。經過震盪整理後，2020 年 2 月 13 日試圖向上突破時，由於遭到獲利盤的賣壓，股價攻而不破。後經短期消化處理，2 月 25 日股價放量漲停，收出一根突破性大陽線，從而展開一波快速上漲行情。

從圖中可以看出，股價階段性高點出現後，幾次衝高到該位置附近時均

遇阻回落，主力巧妙地利用這個位置進行建倉或洗盤整理。在主升段啟動之前，股價選擇向下整理走勢，這時主力再次吸納低價籌碼。期間成交量明顯萎縮，既反映上漲力道的不足，也顯示出浮動籌碼的減少。在時機成熟之後，主力一鼓作氣成功突破前期高點，成交量出現持續的放大態勢，此後股價繼續強勢上漲，符合股價突破的盤面基本特徵，因此投資人可以積極做多。

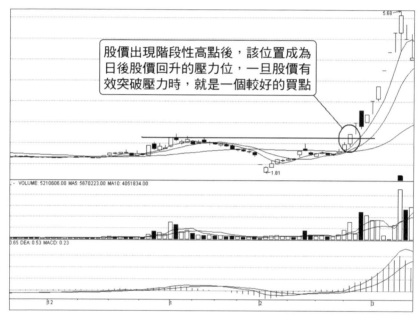

▲ 圖 2-35　搜於特（002503）日 K 線圖

如圖 2-36 國電南自（600268）的 K 線圖所示，該股成功探明底部後，出現築底走勢，當股價回升到 6.7 元附近時，遇到一定的賣盤壓力，股價出現回落走勢，從而形成一個階段性高點。此後，股價多次反彈到這個位置附近時均遇阻回落，從盤面看其壓力不可忽視，因此這個位置成為不少投資人一目了然的壓力位，具有一定的心理和技術作用。隨後，經過一段時間的蓄勢整理後，多頭信心得以恢復，2020 年 3 月 2 日股價放量漲停，收出一根突破性大陽線，此後經過回測確認突破有效，4 月 15 日股價再次形成突破，從此爆發一波快速拉升行情。

從圖中可以看出，前期高點明顯成為短期的一個壓力位，這是主力利用投資大眾認可的壓力位進行建倉或洗盤整理，當主力目的達到後，就一鼓作氣地突破前期高點，成交量也同步放大。而且，大陽線突破後的第二天股價繼續強勢漲停，從而進一步鞏固了突破成果，後市必定強勢上漲。因此在實盤操作中遇到這種情形時，激進的投資人可以在當天尾盤介入，穩健的投資人可以等待股價回測，確認突破有效時積極介入做多。

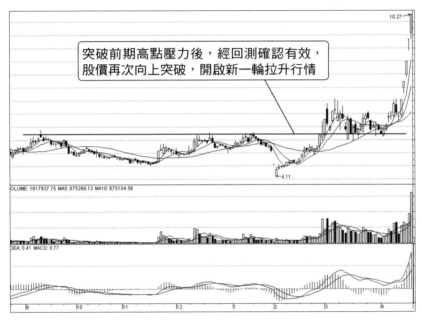

突破前期高點壓力後，經回測確認有效，股價再次向上突破，開啟新一輪拉升行情

▲ 圖 2-36　國電南自（600268）日 K 線圖

每天 5 分鐘 Tips

當股價成功向上突破明顯的階段性高點時，表示後市股價上漲空間被打開，具有強烈的看漲意義，是中短線較好的買入時機。

2-2-5　第 11 日戰記
盤整區突破漲停：籌碼越多，支撐或壓力作用越大

在底部經過長時間的整理後，股價以漲停的方式向上突破盤整區域，成交量積極配合，該位置往往成為一個中短期的底部，後市將會出現一波持續的上漲行情，此時可以積極做多。這種突破現象可以出現在市場的任一階段，但在大幅上漲後的末期或下跌趨勢過程中，要小心大陽線假突破現象。

盤整區實質上是一個成交密集區域，在該區域堆積了大量的籌碼，持續時間越長，堆積的籌碼越多，對股價的支撐或壓力作用越大。如果在底部或上漲趨勢中，股價成功向上突破該區域時，則具有重要的技術分析意義，後市股價大多會出現一波升勢行情。

低位盤整區突破

股價長時間的下跌整理後，在低位止穩震盪，從而形成一個盤整區，當股價放量向上突破這個盤整區時，意味著市場階段性底部出現，後市股價以上漲為主，是一個較好的買入訊號。

如圖 2-37 大北農（002385）的 K 線圖所示，股價見頂後大幅回落，累積跌幅達到 50%，然後在底部形成橫盤整理，震盪幅度收窄。在整個盤整過程中成交量大幅萎縮，做空能量得到充分釋放，股價基本上跌無可跌。經過一段時間的橫盤震盪整理後，2019 年 12 月 30 日，一根放量漲停大陽線突然拔地而起，突破了底部盤整區域，之後出現 6 個一字板。

從圖中可以看出，經過長時間的下跌整理後，股價已經處於歷史底部區域。從成交量上分析，想出場的人基本上已經退出了，持股不動的人大多屬於看多一族，因此後市下跌空間已被封殺。在突破之前，股價經過充分的築底過程，底部基礎構築扎實，股價一旦脫離該區域，此處就會成為中長期底部。在突破之後，成交量明顯放大，顯示買盤積極，做多熱情高漲，表示股價脫離底部區域成功有效。因此，這根漲停大陽線是底部突破性標誌，投資人可以積極跟進做多。

在震盪盤整行情中很難賺到錢，因為它沒有一個明顯的趨勢性行情出現，什麼時候結束盤整，很難從均線系統或其他技術分析中找到答案，因為盤整時均線形成糾纏狀態，整個走勢上下震盪，反覆糾纏，無法用均線系統

判斷和操作。因此，要結束這種盤整走勢，必須有強大的做多力量，才能打破這種僵局。而大陽線突破盤局就是一個標誌性訊號，掌握了這種 K 線後，就讀懂了盤面語言和主力意圖，隨後的操作也就得心應手了。

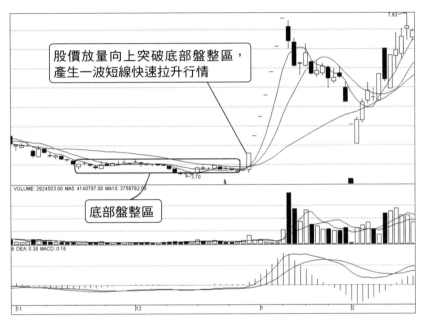

▲ 圖 2-37　大北農（002385）日 K 線圖

中繼盤整區突破

　　股價小幅上漲後出現蓄勢震盪整理，從而形成一個盤整區，然後股價放量向上突破這個盤整區，意味著主力洗盤整理結束，後市將出現加速上漲，也是一個理想的買入訊號。

　　如圖 2-38 聯環藥業（600513）的 K 線圖所示，當股價向上突破底部盤整區後，主力為了洗盤換手而進入橫盤整理走勢，形成一個中繼整理平台，股價震盪幅度收窄，成交量對應縮小。經過短暫的整理後，股價在 2020 年 1 月 17 日出現一根放量漲停大陽線，突破了整理平台區域，隨後股價出現一波加速上漲行情。

　　該股的這個整理平台，是在股價突破底部盤整區後所進行的洗盤整理走勢，一方面是對浮動籌碼進行清洗，另一方面是對突破後的一種確認。在這

個過程中，股價下跌幅度不大，表示主力不敢將股價打低，擔心打壓股價會造成低價籌碼丟失，因此維持在相對高位震盪，讓短線投資人儘快離場，可以縮短整理時間。這也證明了「會漲的股票不會跌，會跌的股票不會漲」的道理，不要認為股價上漲高了就不會漲，下跌幅度大了就能拿到便宜貨。炒股最關鍵的就是看量、價、勢、形，這一點投資人應切記。

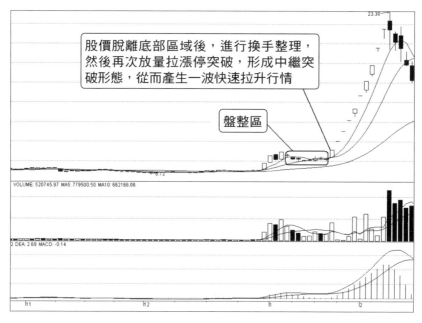

▲ 圖 2-38　聯環藥業（600513）日K線圖

在實盤操作中，投資人遇到盤整區突破時，應把握以下技術要點：

(1) 在突破之前，股價累計下跌幅度較大，在低位出現明顯的止穩跡象，有一個充分的蓄勢築底過程。通常盤整時間越長、震盪幅度越小，後市突破上漲的機率越高、上漲高度越大。「橫有多長，豎有多高」，說的就是這種盤面。

(2) 在突破之前，成交量必須出現大幅萎縮，表示做空力量已經衰竭，股價隨時可能向上突破。如果成交量保持高度活躍狀態，表示盤中仍有賣盤壓力，往往容易形成下跌中繼整理平台區域。

(3) 在突破的當天或隨後幾天裡，成交量必須持續放大，顯示有買盤源

源不斷地介入，否則後市上漲高度受限。

⑷ 在突破之後，股價必須持續走強，進一步鞏固突破成果。若第二天或隨後幾天裡股價出現上漲乏力，例如出現放量不漲、縮量上漲、長上影線或形成大陰線等盤面現象時，就應及時減倉或離場。

⑸ 掌握突破的幅度和時間原則，即突破幅度要大於 3%，有效站穩於突破價位之上的時間要超過3天。

⑹ 大陽線向上突破時，必須有氣勢、有力道，不拖泥帶水，突破後股價能夠迅速向上脫離該區域。

每天5分鐘 Tips

盤整區突破漲停可以出現在市場的任一階段，但在大幅上漲後的末期或下跌趨勢過程中，要小心大陽線假突破現象。

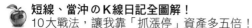
2-3

持續性漲停：
主升段行情的重要標誌

　　持續性漲停至少是一波行情中有二個漲停，其出現之後股價將進一步向上推高，使原來所運行的上升趨勢變得更加強勁和穩固。因此，**其技術分析意義非常大，是主升段行情的主要標誌。**

　　在行情運行過程中，股價漲停之後可能沒有持續性漲停出現，也可能有一個或許多個持續性漲停出現，所以較難以掌握。一般情況下，在強勢上漲行情中，大多會有多個漲停出現，當然漲停不一定連續出現，可能間隔一個或多個交易日。所以，可以將它分為連續性漲停和持續性漲停兩種（統稱為「持續性漲停」）。

　　這兩種盤面是有區別的，連續性漲停是指股價出現一個或多個不間斷的漲停，中間沒有其它類型的K線形態；持續性漲停是指出現一個或多個間歇性漲停，中間可能夾著一根或多根小陰小陽或十字星，整體趨勢保持拉升狀態，在盤面氣勢上沒有連續性漲停兇悍，但漲勢依然十分強勁，也是主升段的主要特徵。

　　在實盤操作中，很多散戶看到股價有了一兩個漲停後就不敢買了，那麼什麼樣的持續性漲停可以追？什麼的持續性漲停不可以追呢？以下結合實例作詳細解說。

2-3-1 第 12 日戰記
連續飆升式漲停：股價拉升過程一氣呵成

　　在連續性出現的兩個或多個不間斷的漲停行情中，漲停之間沒有其它類型的K線形態。股價拉升中沒有停頓，動作連貫，一氣呵成。盤面氣勢

磅礴，不可阻擋。在日 K 線結構上經常以一字形、T 字形或大陽線的形式出現，並伴隨著一個或多個向上跳空缺口。連續漲停結束，就代表行情終結。

　　個股出現連續飆升式漲停的原因大致有三個：一是突發性利多消息刺激；二是純粹是主力強拉行為；三是超跌後的報復性反彈行情。

突發性利多消息刺激

　　這是主升段啟動的內在條件──股票價值增長。包括投資價值和投機價值兩方面，它是造就大牛股、催生主升段最主要的因素，也是投資人挖掘成長股的最重要的指標。

　　在市場中，能夠成為投資價值增長因素的有以下兩類：一是業績增長，如爆發增長、由大虧轉大盈、持續高增長；二是資產增值，如隱蔽資產增值、股權增值等。

　　同樣地，能夠成為投機價值增長因素的也有以下兩類：一是利多題材，包括高配股、產品價格大幅上漲、資產重組、收購或者注入熱門資產、重大行業性利多等；二是比價效應，同板塊或者同概念股票價格暴漲，有時大盤的大漲，也會帶動某些冷門個股轉牛，或形成中級上漲行情。

純粹主力強拉行為引發

　　很多時候，股價漲不漲，就看主力拉不拉，只要主力有興趣、有實力，就可以把股價炒上天。

　　其實，當股票有了投資價值，還要有資金的推動才能使股價上漲。有時候股價上漲的根本動力，就是資金持續推動的結果，而資金推動當然只是主力才能有這個能力，一般散戶很難完成一波完整的主升段行情。對於股價上漲來說，雖然原因很多，比如，業績增長、利多題材等，但其上漲的根本動力還是資金推動。在同樣價值和題材的情況下，不同的買入資金，可以決定股價上漲的力道（漲速）和高度（漲幅）。所以，不管是價值投資人還是價格投機者，都應該研究資金推動股價的問題。

　　如圖 2-39 東方通信（600776）的 K 線圖所示，該股就是資金推動型的拉升行情，經過長時間的底部整理後，借助「5G＋創投」概念，吸引市場資金關注，股價出現拉升。從 2018 年 11 月 26 日 4.40 元開始漲到 2019 年 3 月 8 日的最高 41.82 元，累積漲幅超過 8 倍，短期股價漲幅十分巨大。

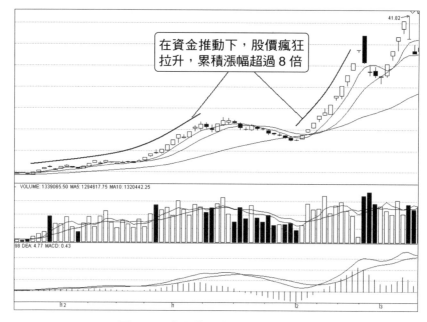

在資金推動下，股價瘋狂拉升，累積漲幅超過 8 倍

▲ 圖 2-39　東方通信（600776）日 K 線圖

在當前主力盛行的時代，散戶必須掌握一套防身制勝術，懂得拿刀操劍的要領，然後直刺主力咽喉。經由觀察盤面走勢，洞悉主力意圖，識破主力陰謀，進而判斷主力想幹什麼、將要幹什麼？是否將要發動主升段以及主升段的潛力有多大？是真正的主升段還是主力的誘多行為？是反彈、反轉還是拉升？以及是白馬、黑馬還是病馬？

超跌後的報復性反彈引發

資金推動主升段除了主力控盤式外，就是超跌股的大級別反彈行情。超跌股中，特別是超跌低價股的大級別反彈行情的形成，與大盤的走勢有一定關係。在絕大多數情況下，與大盤的走勢有同向關係，當然，也有在大盤處於震盪或只是小反彈行情時，超跌低價股出現大反彈主升段的情況，這種情況在超跌低價的新股中比較多見。超跌低價股的反彈力道，主要還是要看股價的投機性，投機性越強的股票，反彈速度越快，力道越大，幅度也越大。

超跌反彈主要有三種現象：一是短期快速下跌後，引發的報復性反彈，大多以 V 形態勢出現，回升到前期盤整區附近或創新高。二是階段性大跌

後，出現的短期修復性反彈，持續時間較短，力道也不大，反彈之後股價仍然繼續下行。三是長期下跌整理後，產生的大級別底部反彈，大多以突破性方式出現，反彈力道較大，速度較快，但多數個股反彈結束後，股價大幅回落到起漲點附近。

　　如圖 2-40 潛能恒信（300191）的 K 線圖所示，該股受大盤暴跌拖累而快速下滑，不到 20 個交易日裡，股價從 40 元上方下跌到 13 元附近，累計跌幅接近 70%，股價嚴重超跌，技術上存在反彈要求。

　　不久，因「超跌＋利多」而出現一波較大的報復性反彈行情，股價連續拉出 13 個漲停，反彈幅度超過 250%。可見，在某種意義上說，股價下跌幅度大，也就意味著反彈的空間越大，止穩後的上漲幅度也往往較大。比如，股價下跌幅度 50%，如果恢復原位，那麼就有 100% 的上漲空間。

　　如圖 2-41 北坡股份（002613）的 K 線圖所示，這是下跌過程中出現的修復性反彈走勢。該股大幅上漲結束後，2020 年 2 月 27 日開始，股價見頂回落整理。在下跌過程中，由於短期下跌速度過快、跌幅過大，容易出現的短期修復性反彈。但持續性差、反彈時間較短，力道也不大，反彈之後股價

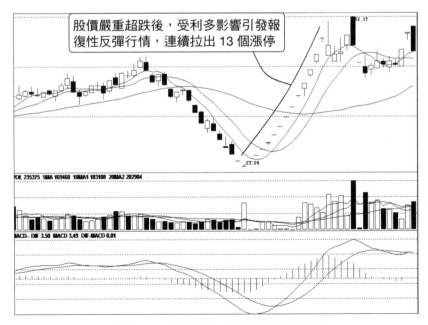

股價嚴重超跌後，受利多影響引發報復性反彈行情，連續拉出 13 個漲停

▲ 圖 2-40　潛能恒信（300191）日 K 線圖

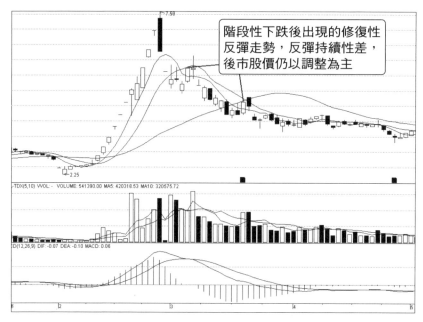

階段性下跌後出現的修復性反彈走勢，反彈持續性差，後市股價仍以調整為主

▲ 圖 2-41　北玻股份（002613）日 K 線圖

仍然繼續整理。實盤中，不少個股在下跌過程中，會出現若干次類似的反彈走勢，投資人不要誤判行情的性質。

　　如圖 2-42 樂歌股份（300729）的 K 線圖所示，這是長期下跌整理後出現的大級別底部反彈走勢。該股見頂後逐波回落，股價嚴重超跌，隨時有反彈可能。2019 年 9 月 26 日，股價放量向上突破，連拉 4 個漲停。從盤面上看，反彈力道較大、速度較快，但上漲持續性非常差，反彈結束後股價快速下跌，基本上回落到起漲點附近。

　　這類個股其實就是跌出來的機會，由於 V 形反轉是一種劇烈的底部反轉形態，在毫無前兆的情況下突然發生，這種走勢非常不容易掌握。在實盤操作中，應注意以下幾方面：

　　⑴ 必要條件：一是市場在極度脆弱中，下降速度越來越快。二是股價下跌幅度大，盤面出現急劇反轉，高低點相差巨大。三是反轉時成交量顯著放大，無量或小量均不可靠。

　　⑵ 最大缺點：形成時間很短，形態出現之前沒有任何技術跡象，何時會產生難以判斷，但又是十分常見的基本形態。V 形並不一定出現較長時間

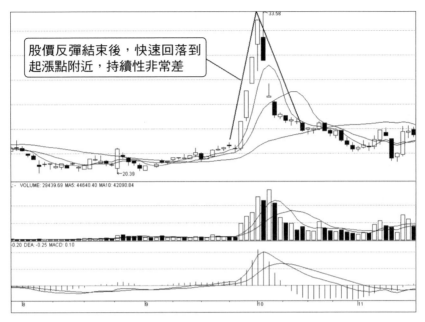

股價反彈結束後，快速回落到
起漲點附近，持續性非常差

▲ 圖 2-42　樂歌股份（300729）日 K 線圖

的大趨勢，有時它僅影響數日的走勢，但如果好好把握，也能抓住一波不薄
的收益。

(3) 認識方法：一是標準的 V 形下跌的角度，與反轉上升的角度基本上
相等；二是底部比較尖銳，往往出現非理性賣出；三是股價反轉時，必須伴
隨著成交量的顯著放大；四是借助於黃金分割線、迴圈週期理論以及消息的
真假判斷等進行判斷；五是股價通常形成三波上漲走勢，中間有短暫的整
理，這是較好的進場機會。

(4) 買賣時機：① 在急跌尾段以跳空形式下挫，隨後又以跳空形式反
彈，形成島形反轉形態，其轉向訊號更強烈，應及時買入；② 經持續下跌
後，在低點成交量突然大增，可逢低買入；③ 以先前的跌幅來推算上漲的
高度，並關注壓力位；④ 投資人應以短線操作為主，快進快出，不要計較
一兩個價位，捨小本賺大錢。

(5) 跌幅與漲幅的關係：要了解「下跌容易，上漲難」的道理。股
價下跌50%，需要100%漲幅，才能恢復原位。這裡為了方便投資人實盤
參考，將跌幅與漲幅的對應關係作一換算：10%=11.11%，20%=25%，

30%=42.85%，40%=66.67%，50%=100%，60%=150%，70%=233.33%，80%=400%，90%=900%。

每天5分鐘 Tips

連續飆升式漲停在日K線結構上，經常以一字形、T字形或大陽線的形式出現，並伴隨著一個或多個向上跳空缺口。

2-3-2 第13日戰記
持續攀升式漲停：短暫整理，但整體為拉升狀態

在持續性出現的兩個或多個間歇性的漲停行情中，中間可能夾著一根或多根小陰小陽或十字星K線。或者，在漲勢中出現短暫的停頓整理狀態，整體趨勢保持拉升狀態，在盤面氣勢上沒有連續性漲停兇悍，但上漲勢頭依然十分強勁。

個股出現持續攀升式漲停，與前述的「連續飆升式漲停」三個原因相同：一是突發性利多消息刺激；二是純粹是主力強拉行為；三是超跌後的報復性反彈行情。

夾帶小陰小陽或十字星形態

在這種拉升行情中，中間夾帶的這些較小K線，並不影響股價的上漲勢頭，反而有利於股價的加速上漲，因為經由小K線的震盪洗盤後，盤面會更加清爽，股價上漲更加穩健。在K線形態中，經常出現高開低走的假陰線（實際股價仍上漲），以此達到洗盤效果，又能使盤面保持強勢狀態。盤面大多以大陽線為主，上下影線較短小或是光頭光腳的K線，不時伴隨著向上跳空缺口，一般股價不會有效跌破10日均線的支撐，在一輪主升段行情中一般不少於3個漲停。

如圖2-43西藏藥業（600211）的K線圖所示，該股主力完成築底後，2020年5月25日出現「貫穿式」突破，股價放量向上脫離底部區域，從此進入主升段行情。從圖中可以看出，在拉升過程中夾帶一些小陰小陽或十字星K線，這些小K線對盤中浮動籌碼作了很好的清洗，整體保持強勁的拉

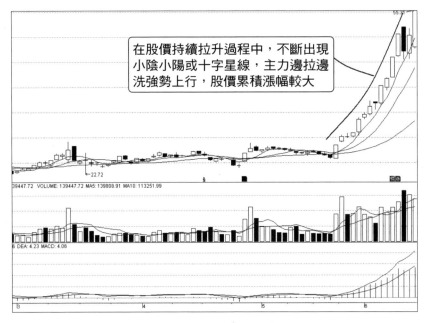

在股價持續拉升過程中，不斷出現小陰小陽或十字星線，主力邊拉邊洗強勢上行，股價累積漲幅較大

▲ 圖 2-43　西藏藥業（600211）日 K 線圖

升勢頭。盤面運行流暢，節奏非常完美，走勢穩健有力，股價堅挺上行，在這一輪上漲行情中，共出現 5 個漲停，累計漲幅較大。

這類個股的操作技巧，就是選擇在 5 日或 10 日均線附近，當股價得到 5 日或 10 日均線支撐時輕倉買入，而跌破 5 日或 10 日均線時考慮短線賣出，其技術要求如下：

　(1) 市場必須處於快速拉升階段，前期整理充分，有扎實的底部基礎。

　(2) 小 K 線的回落幅度不應太大，保持強勢狀態。

　(3) 成交量保持適中，不能出現異常放量。

　(4) 在小 K 線後的大陽線當天介入，以短線操作，快進快出。

　(5) 出現頂部 K 線形態或股價滯漲時，應果斷賣出。

中間出現短暫的停頓整理形態

這種盤面在拉升過程中，出現一次或多次短暫的停頓整理走勢，但這種整理不會對上漲勢頭構成破壞，盤面依然保持強勢整理狀態，這是拉升中的正常「小憩」，一般不會超過 5 個交易日。經過「小憩」後更有利於主升段

的向上發展，而且不會有效跌破 10 日均線支撐。

如圖 2-44 王府井（600859）的 K 線圖所示，2020 年 5 月初，股價漸漸向上脫離底部，成交量溫和放大，中間出現一次明顯的停頓整理，時間只有 5 個交易日，6 月 9 日股價再次放量快速上漲，股價連拉多個漲停。在這一輪行情中共拉出了 9 個漲停。整個走勢過程中，中間雖然出現停頓現象，但沒有明顯的下跌，也沒有跌破 10 日均線，表示主升段依然強勢持續中。所以，在這類個股中，持股者應堅定持股與主力共舞到底，持幣者可以在 10 日均線附近，或再次放量向上突破時介入做多。

如圖 2-45 亞瑪頓（002623）的 K 線圖所示，該股在 2019 年 11 月 29 日整理結束後開始向上突破，股價進入拉升階段，先後出現了 3 次明顯的停頓整理走勢，而趨勢一直在強勁拉升之中。整理基本上以 10 日均線為支撐，保持良好的上漲勢頭，共拉出 13 個漲停，累積漲幅較大。

經由上述幾個實例的分析，實盤中投資人參與持續攀升式漲停個股操作時，應掌握以下技術要點：

(1) 市場必須處於快速拉升階段，前期整理充分，有扎實的底部基礎。

(2) 股價整理幅度不宜過深，以 10 日均線為支撐，偶爾擊穿 10 日均線時，也應在當日收盤前收復。最遲也要在 3 日內收復失地，當股價有效跌破 10 日均線時離場。

(3) 進入拉升階段後，一般以 5 個交易日為限，波段整理以 20 個交易日為限（此時以 30 日均線為參考），股價整理時間不宜長。

(4) 成交量保持恆量，不能出現異常放大。

(5) 末期出現加速上漲時，一旦出現見頂 K 線形態就應離場，如吊頸線、射擊之星、烏雲蓋頂等。

每天 5 分鐘 Tips

操作持續攀升式漲停時，股價整理幅度不宜過深，以 10 日均線為支撐，偶爾擊穿 10 日均線時，也應在當日收盤前收復。

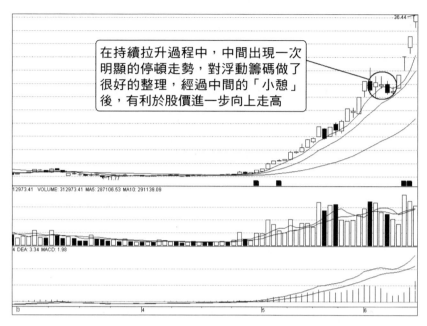

在持續拉升過程中，中間出現一次明顯的停頓走勢，對浮動籌碼做了很好的整理，經過中間的「小憩」後，有利於股價進一步向上走高

▲ 圖 2-44　王府井（600859）日 K 線圖

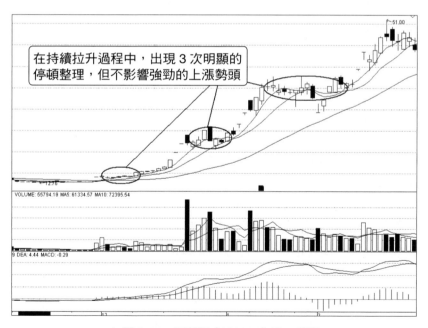

在持續拉升過程中，出現 3 次明顯的停頓整理，但不影響強勁的上漲勢頭

▲ 圖 2-45　亞瑪頓（002623）日 K 線圖

2-4

主力最後出貨階段的 2 種形態

2-4-1 第 14 日戰記
衰竭性漲停：往往伴隨主力出貨，有短線價值

衰竭性漲停一般出現在股價主升段的末端，是市場面臨變盤的先兆。這是股價運行在高位時，主力資金的最後發力，而這種發力是主力出貨行為的表現。股諺道：「久漲必跌，盛極必衰」。當一檔股票運行中經歷了突破性漲停的雄壯氣勢，領略了中繼性漲停的輕盈瀟脫，那麼它的價格也就有了相當不錯的漲幅。當股價已經翻倍或翻了數倍，漲停又出現了。它還能漲嗎？也許能。不過上漲的力道和幅度就可想而知了。所以，此時介入需要有高超的技巧、扎實的功力和足夠的膽略。

衰竭性漲停往往伴隨著主力資金的出貨，對投資人來講僅有短線價值，所以要堅決做到獲利就走，絕對不能有任何的僥倖心理。有時如果確實不能獲利，也應當果斷停損離場。因為一旦股價下跌，其殺傷力是巨大的，極有可能是永遠不得解套。

在一輪主升段行情中，可能出現一個或兩個以上的衰竭性漲停，這跟主力持籌量（出貨量）、大盤環境和操盤方式有關。判斷技巧如下：

(1) 漲停的當天或第二天成交量特別大，為近期天量，且未來似乎無法繼續放大量時，可能就是衰竭性漲停的表現。

(2) 漲停出現後的成交量異常大，漲停之前出現量價背離，那麼該漲停為衰竭性漲停的可能性很大。

(3) 漲停出現後的3個交易日裡，股價出現反轉情形時，就可以確定為這是衰竭性漲停。

⑷ 如果漲停的位置，已經達到某個技術位或某個重要的壓力時，該漲停成為衰竭性漲停的機率加大。

如圖 2-46 九鼎新材（002201）的 K 線圖所示，該股見底後出現兩輪大幅拉高行情，主力獲利十分豐厚，兌現獲利籌碼已成為當務之急。2019 年 8 月 26 日和 29 日，這兩天走勢非常相似，早盤股價強勢推高，午後一度封漲停，但封盤有些勉強，到了尾盤時分均出現回落走勢，形成長上影線。顯示主力拉升已力不從心，尾盤震盪加劇，成交量放大，顯然屬於衰竭性漲停，此時投資人應注意。

經過短期整理後，9 月 4 日開始再拉兩個漲停板，並創出本輪行情的新高，似乎產生新一波拉升行情，但第三天漲停回落，股價接近跌停。此後的 9 月 17 日漲停也是同樣的性質，次日出現衝高回落。其實，這都是主力在誘多出貨，為什麼這麼說呢？其原因為：一是股價已被大幅炒高；二是前面已經出現兩次衰竭性漲停現象；三是分時走勢中主力對敲動作明顯。所以，這是一個衰竭性漲停，目的是誘多出貨，投資人應有所警覺。

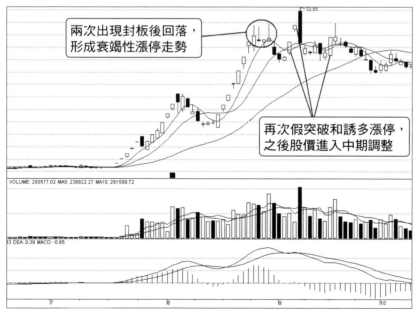

▲ 圖 2-46 九鼎新材（002201）日 K 線圖

如圖 2-47 民豐特紙（600235）的 K 線圖所示，2018 年 11 月 5 日放量突破，股價連拉 8 個漲停，然後在高位整理兩個交易日，接著又拉出漲停大陽線。那麼，後市還會大漲嗎？顯然不可能。因為，高位風險這一點不可置疑，主力拉高出貨也無可爭辯，而且，從次日走勢可以進一步證明 11 月 19 日漲停的虛假性，第二天不僅沒有慣性上衝高，反而低開 8.51% 後快速封跌停，屬於典型的主力拉高出貨行為。這就是主力「明修棧道，暗度陳倉」，實現真實出貨目的。

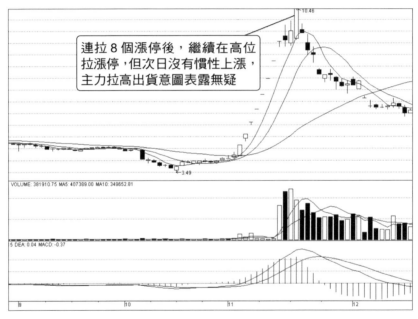

▲ 圖 2-47　民豐特紙（600235）日 K 線圖

　　有時候，股價連續拉出幾個漲停後，繼續在高位維持強勢整理，接著向上拉漲停突破，但股價並沒有延續強勢上漲行情，而是衝高回落或直接轉跌，同樣屬於衰竭性漲停。

　　如圖 2-48 綠庭投資（600695）的 K 線圖所示，該股 2019 年 12 月 13 日放量向上突破，連拉 5 個漲停後，股價繼續維持強勢推高態勢。12 月 26 日，尾盤出現直線拉升，形成突破性漲停，但次日衝高震盪，午後逐波走低，當日成交量較大。這一天的走勢，證明前一天的漲停屬於衰竭性漲停，之後股

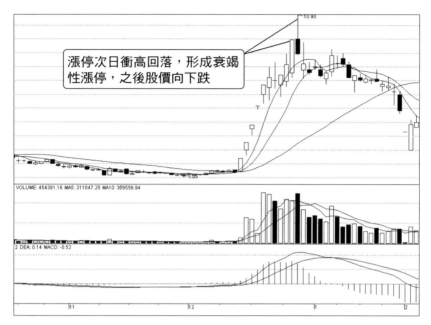

漲停次日衝高回落，形成衰竭性漲停，之後股價向下跌

▲ 圖 2-48 綠庭投資（600695）日 K 線圖

價轉為下跌。

通常，衰竭性漲停的當天成交量較大（但也有可能是第二個交易日成交量增大），接著成交量減少，顯示市場購買力已經消耗殆盡，而拋售力漸漸加強，於是股價很快見頂回落。

有時候股價持續漲停後，成交量反而越來越少，這主要是因為在高位的主力不敢在盤中展開震盪出貨，防止籌碼鬆動增加出貨壓力，因此開盤後不久很快封上漲停。這時投資人要密切注意盤面變化，如果第二天或隨後幾天股價高開回落，成交量大幅放大，就應堅決離場，頂部很快出現。

如圖 2-49 國農科技（002617）的 K 線圖所示，該股見底後大幅炒高，2020 年 3 月 2 日在高位收出縮量漲停，那麼這時的縮量漲停是不是好事呢？不見得是好事。這反而是一個潛在的見頂訊號，如果第二天股價放量高開低走，就是一個明確的見頂訊號。

果然，第二天高開 7.21% 後小幅衝高，然後快速回落，收出一根滯漲性陰線，且成交量大幅放大。之後股價一路向下跌，形成中期頂部。這種類型在實盤中經常出現，投資人可多加分析研究。

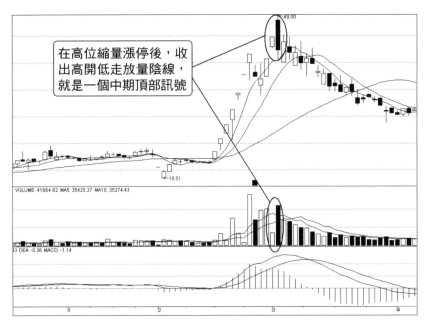

▲ 圖 2-49　　國農科技（002617）日 K 線圖

　　有時在一輪拉升行情之中，僅有突破性漲停和持續性漲停，而沒有衰竭性漲停，比如股價拉升一步到位，然後快速回落，呈倒V形走勢。但有時只有衰竭性漲停，比如股價前期以大陽線或中陽線為主的拉升個股中，就沒有突破性漲停和持續性漲停。衰竭性漲停最大的實戰意義，是給市場發出警示訊號，這是其它漲停意義所不同的。

　　衰竭性漲停出現在股價大幅波動時，價格在奄奄一息中迴光返照，作最後一次掙扎拉高。最後的掙扎好景不長，在隨後的幾個交易日裡的股價馬上開始下滑。當收盤價低於最後一個漲停的開盤價時，表示衰竭性漲停已經出現。這種情況非常典型，說明在上升趨勢中如果漲停價被吞沒，通常是盤面疲弱的表現，意味著維持原有運行趨勢的力量已經減弱，股價即將進入整理或反轉。

每天 5 分鐘 Tips

衰竭性漲停一般出現在股價主升段的末端，是市場面臨變盤的先兆，是股價運行在高位時主力資金的最後發力。

2-4-2 第 15 日戰記
掙扎性漲停：依漲停後 3 天走勢，判斷是否應盡快離場

還有一種與衰竭性漲停相近的漲停現象，那就是掙扎性漲停。這種漲停與前面所講的反彈自救型漲停基本相同，不僅出現在高位出貨區域，也經常出現在見頂後的下跌過程中。

如圖 2-50 軸研科技（002046）的 K 線圖所示，該股主力大幅炒高股價後，在高位慢慢出貨，由於主力持倉量大，很難一次性完成出貨計畫，所以在高位股價有所反覆。2020 年 6 月 3 日收出的這根漲停大陽線，就屬於掙扎性漲停，之後股價開始下跌。

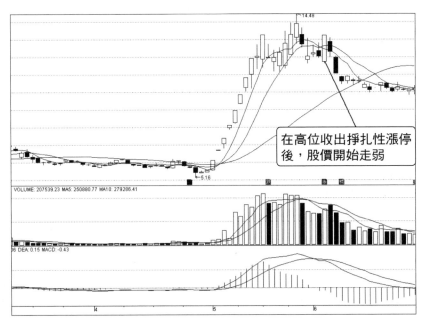

在高位收出掙扎性漲停後，股價開始走弱

▲ 圖 2-50 軸研科技（002046）日 K 線圖

識別掙扎性漲停技巧，就是看漲停後的3天表現，如果漲停後股價不能繼續走強，而是出現下跌走勢，幾乎吃掉或完全吞沒漲停大陽線，那麼就屬於掙扎性漲停，此時應儘快離場，圖2-50的該股價就符合這一市場特徵。

　　掙扎性漲停往往與主力資金出貨，或被套主力為減緩跌勢有直接關係。對於投資人來說只有超短線的價值，短線技術高手可以輕倉搏一下，但對大多數投資人來講，最好不要捕捉這種類型的漲停。因為捕捉漲停是為了提高投資收益、追求高額利潤，而不是為追逐風險，尋找圈套。

　　股市中突破性漲停和中繼性漲停經常出現，捕捉這兩種類型的漲停其投資價值是顯而易見的，所以大可不必在衰竭性漲停，特別是掙扎性漲停上花太多心力。

⏱ 每天5分鐘 Tips

掙扎性漲停只有超短線的價值，短線技術高手可以輕倉搏一下，但對大多數投資人來講，最好不要捕捉這種類型的漲停。

第 3 章

【每天學】
運用 K 線圖＋分時圖，看準下一波大行情！

3-1

分時拉升波形：
一波到多波的漲停形態

3-1-1　第16日戰記
一波漲停：盤面氣勢磅礴，多方佔優勢

　　一波漲停指開盤之後或在盤中某一時段出現拉升，股價沿著某一個角度上行，中途沒有回檔或回檔很少，一波直接拉至漲停。這種漲停的盤面氣勢，僅次於一字漲停，盤面氣勢磅礴，勢如破竹，表示多方明顯佔優勢，空方棄守觀望。這種盤面後市大多具有上升動力，是中短線可介入的股票。一波漲停可分為以下三種情況：

　　(1) 高開不回檔，直奔漲停：這種漲停方式在分時走勢圖中的運行軌跡，相對而言比較簡單，股價在前一日收盤價之上高開，幾乎沒有出現下探過程，而是直接上漲至漲停，大致上是一條斜線上漲。跳空高開高走，顯示多頭攻擊力量強大，盤面氣勢強盛，投資人對該股前景看好，願意以高於前一日收盤價格買入，同時，也表明空方沒有絲毫反擊能力，市場完全由多方控制局面。這種情況大多是承接上一個交易日的強勢表現，有強勢上漲的盤面基礎。

　　操盤技巧為：根據前一日（或幾日）盤面和當日開盤情況，快速捕捉強勢股，以高出開盤價3~5個價位掛單買入，如果不能成交則放棄，儘量不要追高。若盤中開板時，視大盤強弱選擇合適點位介入，一般在均價線附近選擇買點。

　　如圖3-1所示，該股向下打壓後漸漸止穩，2020年3月4日高開5.83%後，股價一口氣拉漲停，形成「秒板」，中間沒有回檔，巨量封單不動，當天收出一根漲停大陽線，盤面氣勢磅礴，勢不可當，股價連拉6個漲停。

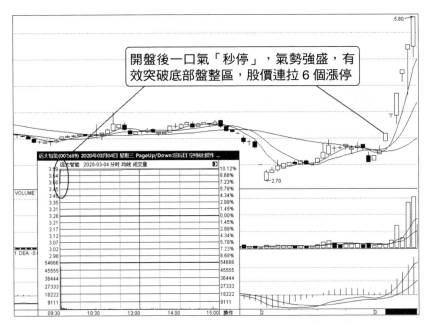

開盤後一口氣「秒停」，氣勢強盛，有效突破底部盤整區，股價連拉 6 個漲停

▲ 圖 3-1 遠大智能（002689）日 K 線和分時走勢圖

　　主力有時候在開盤後，先進行震盪整理，以觀察當天大盤和個股盤面情況，在確保基本穩定的情況下，在盤中某一個時段以直線式拉至漲停，並以大單封板，這種走勢在實盤非常多見。

　　如圖 3-2 所示，該股在長時間的低位整理中，主力吸納了大量的低價籌碼，2020 年 6 月 1 日高開 3.77% 後，基本上維持橫盤震盪，借助「地攤經濟」新熱點，直線拉漲停，氣勢強盛。遇到這類盤面現象，要快速作出反應，可掛高幾個價位進場，有時封盤後可能出現開板現象，這時就要以時間結合市場熱點、大盤環境及個股所處位置等因素進行分析，以決定是否進場。

　　(2) 在前一日收盤價附近開盤，一波式拉漲停：股價在上一個交易日收盤價附近開盤，然後迅速拉至漲停。這種方式漲停的股票，在分時走勢圖中的運行軌跡也是比較簡單的，大致上也是一條陡峭的直線。

　　在前一日收盤價附近開盤，表明股價在開盤時供求雙方大致平衡，多空雙方力量對比基本上一致，只是隨著行情的展開，多空雙方的力量才發生變化，多頭力量在運動中得到了增強，而空方力量受到削弱。多方成功地阻擊了空方的力量而上漲。

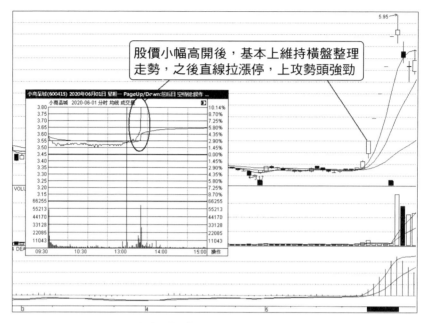

> 股價小幅高開後，基本上維持橫盤整理走勢，之後直線拉漲停，上攻勢頭強勁

▲ 圖 3-2　小商品城（600415）日Ｋ線和分時走勢圖

　　操盤技巧為：根據前一日（或幾日）盤面表現情況，確定當日目標個股，以高出開盤價3~5個價位掛單買入，儘量不要追高。

　　如圖 3-3 所示，2019 年 12 月 13 日該股股價基本上平開，整理幾分鐘後，一波式快速漲停。為什麼有如此強勢的表面呢？因該股主力成功在低位完成建倉計畫，做多欲望十分強烈，同時由於投資價值被低估，主力只要輕鬆拉一下，就會吸引短線資金跟風。這種走勢也表示主力實力強大，並且拉升得到市場的認可。投資人在選擇這類個股時，要格外分析前幾個交易日的盤面表現，然後決定操作計畫，在買入時可以再高出幾個價位掛單買入。

　　(3) 開盤後先回檔，再一波式拉漲停：股價開盤後先是來一個快速下探動作，有時下探速度非常快，一瞬間就一閃而過，在分時圖上沒有留下任何跡象，只是在成交明細上有記錄，在Ｋ線形成一條下影線，然後快速拉起直奔漲停。

　　這種漲停方式在分時圖中一般有兩種情形：一種是斜線直拉式上漲（分時圖中看不出明顯有下探痕跡）；另一種是呈V形上漲，在拉升時也是直線式上漲。這兩種情形的盤面含義基本上相當，都表示空方先是來一個下馬

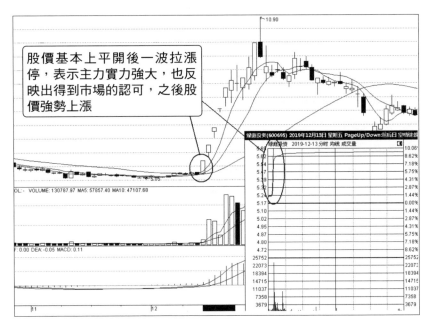

股價基本上平開後一波拉漲停，表示主力實力強大，也反映出得到市場的認可，之後股價強勢上漲

▲ 圖 3-3　綠庭投資（600695）日 K 線和分時走勢圖

威，但維持不了多久即被多方制服，最後市場向多方上漲直至漲停。同時，也表示多方仍在加緊收集籌碼，兼有洗盤性質。當然這種情況如果出現在大幅上漲後的高位，也可能是「出貨型漲停」走勢。

先回檔再拉漲停，比前面兩種方式複雜，如果前幾日是弱勢，空方能量往往會突然跑出，使股價跌落，但多方能量較大，仍可以再拉出漲停板。操盤技巧為：在快速下探過程中輕倉介入，突破前一日收盤價或當日開盤價時，可適當加碼，也可以在均價線附近買入。

如圖 3-4 所示，2020 年 5 月 29 日，該股股價開盤後先是出現小幅下探動作，然後反轉向上一波式直拉漲停，全天封盤不動，呈 V 形態。這種盤面表明主力經由下探動作釋放了短線獲利盤，然後輕鬆拉向漲停。

投資人遇到這種盤面形式時，可以在下探過程中輕倉介入，或者在股價衝破均價線、前一日收盤價或和當日開盤價時買入。在實盤中，大多數強勢股都有這種走勢（儘管之後走勢各異），投資人應多加研判。

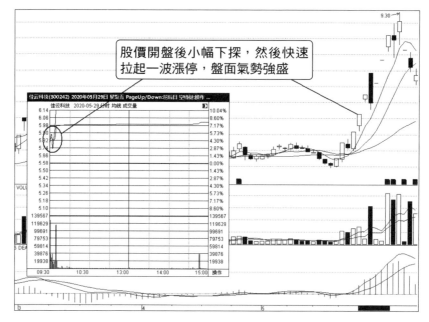

> 股價開盤後小幅下探，然後快速
> 拉起一波漲停，盤面氣勢強盛

▲ 圖 3-4　佳雲科技（300242）日Ｋ線和分時走勢圖

 每天 5 分鐘 Tips

「一波漲停」指開盤後或在盤中某一時段出現拉升，股價沿著某一個角度上行，中途沒有回檔或回檔很少，一波直接拉至漲停。

3-1-2 第 17 日戰記
二波漲停：強度次於一波漲停，上升動力強

　　二波漲停指在分時走勢圖中，股價分二波拉升，經過一波拉高後開始回落洗盤蓄勢，然後大幅上拉直至漲停。這種盤面後市具有較強的上升動力，也是中短線適合介入的類型。

　　這種盤面繼上一個交易日的強勢表現，開盤後出現向上拉高走勢，顯示出多頭攻擊力量強大，同時也給市場部分投資人帶來了獲利空間，致使賣盤加重，從而迫使股價回檔。經回檔蓄勢後，多頭在退卻中不斷儲備力量，並且在較短時間內成功狙擊空頭的打壓，再次向上發力上攻，從而推動股價漲

停。通常盤中回檔幅度不大，顯示主力不願讓市場跟風盤獲得更多的廉價籌碼，一般均價線是向上的有力支撐。

這種盤面在啟動點開始的上升，第一波通常漲到比較高的位置附近，一般在 4%~6% 之間，第一波的上漲幅度不能太低，就是為了後面經過整理之後，第二波上漲輕鬆封於漲停。如果第一波漲幅太低，比如只有 2% 左右，那麼回檔之後再漲就要 8% 以上才能衝到漲停，因此漲停難度比較大。

這種漲停的氣勢，其強度又次於一波漲停的個股，但上漲氣勢也不可阻擋，實際漲幅也不見得小於一波漲停個股的幅度。

操盤技巧為：市場悟性好的投資人可以在開盤時立即介入，一般投資人可以等待第一波拉升結束後，當股價回落到均價線附近並獲得支撐後，再次拉起時在比較理想的點位買入。

如圖 3-5 江淮汽車（600418）的 K 線圖所示，該股主力完成築底後，接著在 2020 年 5 月 20 日股價放量強勢漲停，收出一根具有看漲意義的突破性大陽線。

從分時圖中可以看出，股價開盤後就出現向上拉高，第一波就大幅拉

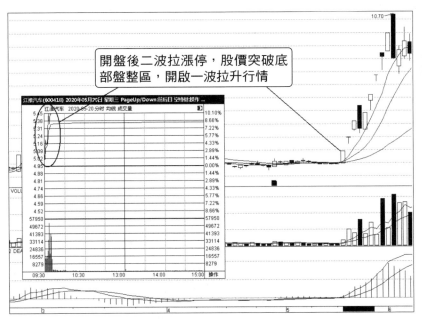

▲ 圖 3-5　江淮汽車（600418）日 K 線和分時走勢圖

升，顯示主力做多決心，然後進行快速整理。第二波輕而易舉地將股價拉向漲停，拉漲停後封盤不動，上漲勢頭非常強勁。

如圖 3-6 所示，2019 年 12 月 25 日，該股股價開盤後第一波就大幅拉升，然後進行短暫的整理，第二波輕鬆拉漲停封盤。這說明多頭力量不可小覷，後市仍將強勢上漲，遇到這種走勢時應大膽買入。

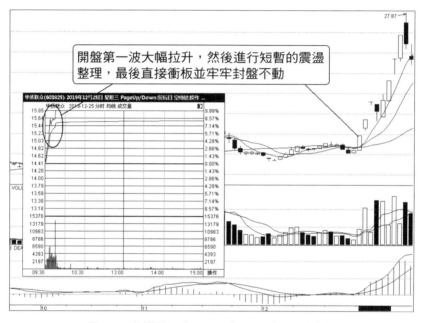

開盤第一波大幅拉升，然後進行短暫的震盪整理，最後直接衝板並牢牢封盤不動

▲ 圖 3-6　華揚聯眾（603825）日K線和分時走勢圖

在二波漲停中，第一波拉高明顯地帶來一定的獲利空間，部分獲利籌碼很容易在這個時候湧出，從而迫使股價回檔。多頭的能量一般不會在第一波拉高中就損失殆盡，所以往往會在很短的時間內重新聚集力量，再次向上發力，推動股價奔向漲停，因此參與價值較高。

在實盤中，有的個股第一波拉漲停後，主力主動開板洗盤，讓短線獲利籌碼離場，然後主力再次拉漲停。這種盤面既有第一波拉漲停特性，也有第二波拉漲停性質。投資人可以在當日分時均線附近買入。

如圖 3-7 所示，該股主力完成低位建倉計畫後，2020 年 5 月 8 日開盤後，基本上圍繞前一日收盤價展開整理，13:10 開始一波拉漲停，但股價觸板後

沒有封盤，而是回落到當日均價線附近繼續整理，尾盤出現第二波拉升，股價強勢封板，之後股價出現 7 個一字板。

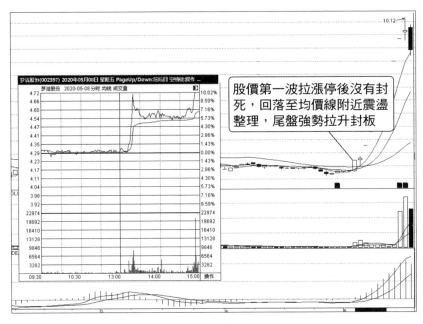

股價第一波拉漲停後沒有封死，回落至均價線附近震盪整理，尾盤強勢拉升封板

▲ 圖 3-7　夢潔股份（002397）日 K 線和分時走勢圖

每天 5 分鐘 Tips

二波漲停的操作技巧為，等待第一波拉升結束後，當股價回落到均價線附近並獲得支撐後，再次拉起時在比較理想的點位買入。

3-1-3　第 18 日戰記
三波漲停：分時圖呈現逐級而上

三波漲停指在分時走勢圖中，股價分三波拉升，中間出現兩次回檔蓄勢走勢，然後大幅上拉直至漲停。這種走勢的盤面氣勢也是非常強勁的，但弱於前面兩種形態。這種盤面後市仍有上升動力或衝高動作，也是適合短線介入。

　　股價經過一波衝高後遇阻回落，在開盤價或均價線附近獲得支撐後拉至漲停。股價開盤之後出現拉升走勢，當達到一定漲幅後，由於短線獲利盤的出現股價出現回落，在股價回檔至當日開盤價或均價線附近時獲得支撐，市場止穩後股價再度走強。當第二波上漲達到一定幅度後，新的獲利盤再次出現，股價第二次回落，當股價再次遇到技術支撐而止穩時，出現第三波上漲，股價直拉漲停。

　　在強勢市場中，開盤價附近有著強大的支撐，所以股價回落到此，往往會受到很大的支撐，而促使其掉頭向上，甚至拉出漲停。同樣地，當日均價線在弱勢時是壓力線，在強勢時常常又是支撐線，它往往可以阻止股價下挫，使其掉頭上漲。這種方式漲停的股票，在分時走勢圖上形成的軌跡是逐浪推升，拾級而上。

　　操盤技巧為：前一日或前幾日盤面表現良好的，可以在開盤價附近買入，也可以在均價線或前一日收盤價附近買入。如果第二次回落較深，可以在第一波的頂點附近或低點稍上位置買入。

　　如圖 3-8 省廣集團（002400）的 K 線圖所示，該股日 K 線圖中，第一輪行情結束後，主力展開洗盤整理，釋放短線獲利籌碼。洗盤結束後，2020年 5 月 8 日出現三波式漲停形態。從分時走勢中可以看出，股價逐波上漲，波峰浪谷清晰，量價配合理想。這類個股投資人，可以在開盤價或均價線附近介入。

　　如圖 3-9 中潛股份（300526）的 K 線圖所示，該股經過一段時間的橫盤震盪整理後，股價開始向上突破。2020 年 3 月 2 日股價低開 1.60% 後，分三波拉至漲停。在分時走勢中，股價小幅開盤後，沒有出現下跌走勢，立即向上拉起，盤中三波拉升，節奏清晰，動作分解而連貫，量價配合頗規律，表示主力盤面把控非常好。這類個股投資人可以在前一日收盤價、當日開盤價或當日均價線附近介入。

　　在三波式漲停中，第一次回落與第二次回落在時間、幅度和力道上，都具有一定的互換性。具體地說，就是如果第一波回落幅度較深，那麼第二次回落時往往幅度不會很大；如果第一波回落幅度不大，那麼第二次回落時往往幅度較深。在時間上，如果第一波回檔時間較短，通常第二次回檔時間往往較長；如果第一波回檔時間較長，通常第二次回檔時間往往較短。在力道上，也是如此。

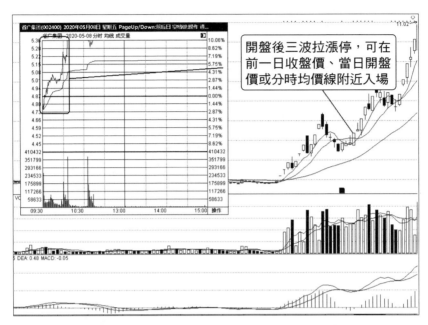

開盤後三波拉漲停，可在
前一日收盤價、當日開盤
價或分時均價線附近入場

▲ 圖 3-8 省廣集團（002400）日 K 線和分時走勢圖

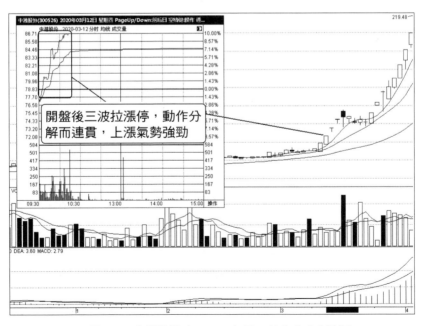

開盤後三波拉漲停，動作分
解而連貫，上漲氣勢強勁

▲ 圖 3-9 中潛股份（300526）日 K 線和分時走勢圖

如圖 3-10 日豐股份（002953）的 K 線圖所示，該股逐波回落後，在底部止穩盤整。在盤整過程中，形成一個雙重底形態。2020 年 3 月 9 日低開 2.49% 後，出現三波放量拉升，股價被封於漲停。

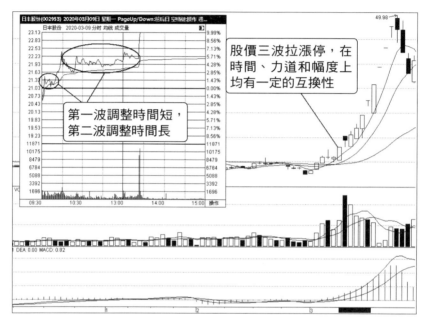

第一波調整時間短，第二波調整時間長

股價三波拉漲停，在時間、力道和幅度上均有一定的互換性

▲ 圖 3-10　日豐股份（002953）日 K 線和分時走勢圖

在分時圖走勢中，完成第一波拉升後整理的時間較短，而在第二波拉升結束後的整理時間就較長。同樣地，前兩波的拉升力道較弱，而第三波拉升力道就較強，這種互換性現象，在實盤中常見。

在實盤中，三波漲停有以下幾種盤面現象：

⑴開盤後衝高回落，在黃金分割線附近獲得支撐後拉至漲停。開盤後大幅度的衝高，常常會形成較大的獲利空間，為短線投資人提供運作的機會。這時往往會有短線投資人兌現離場，引起股價回落。多數情況下衝高回落的黃金分割線，是多方固守的重要部位，此處得到支撐後，股價常常會掉頭拉向漲停。

⑵跳空高開，衝高回落受均線牽引掉頭直至漲停。這種方式漲停的股票，其分時走勢圖中運行軌跡。在弱勢時均線是壓力線，在強勢時均線常常

又是支撐線。它往往可以把下挫的股價拉起來，使其掉頭走向漲停。

（3）高開後遇阻回落，在開盤價附近獲支撐後拉至漲停。這種方式漲停的股票，其在分時走勢圖上形成的軌跡。繼續加強的上升會形成大量的獲利盤。由此賣盤的湧出也就不足為奇了。但在強勢中，開盤價附近有著強大的支撐，所以股價回落到此處，往往會受到很大的支撐，而促使其掉頭向上，甚至拉出漲停。

每天 5 分鐘 Tips

三波漲停的操作技巧為，前一日或前幾日盤面表現良好的，可以在開盤價附近買入，也可以在均價線或前一日收盤價附近買入。

3-1-4　第 19 日戰記
多波漲停：均線轉為下行狀態時，千萬不可介入

多波漲停比較多見，震盪式漲停大多屬於這種形態。在分時圖中，一波三折、多次回檔，分不出明顯的波形，但整體上低點越來越高，高點不斷被打破，低點和高點逐級而上，直到衝擊漲停。在漲停個股裡，這種盤面氣勢也算是最弱的了，但主升段一旦形成，其上漲力道也非常強勁的，而且往往持續較長時間。

操盤技巧為：在當日均價線附近介入，要求均價線處於上行狀態，起碼均價線也要保持水平運行，絕對禁止在均價線轉為下行狀態時介入，因為下行的均價線表示股價已經開始走弱，甚至出現尾盤跳水現象。

如圖 3-11 西藏藥業（600211）的 K 線圖所示，該股主力在長時間的底部震盪過程中，吸納了大量的低價籌碼，成功完成了建倉計畫。2020 年 5 月 25 日開盤後，股價穩步向上走高，盤面張馳有序，量價配合得當，當天收出一根漲停大陽線，向上突破底部盤整區。在分時走勢中，雖然該股沒有上述幾種盤面形式強勁，但上漲氣勢依然不可小覷，之後股價出現拉升行情。對於這類股票，可以在當日均價線或分時趨勢線附近進場。

如圖 3-12 中潛股份（300526）的分時圖所示，該股在 2019 年 6~9 月的上漲行情中，多次出現多波拉漲停走勢，比較典型的是 7 月 12 日和 19 日走

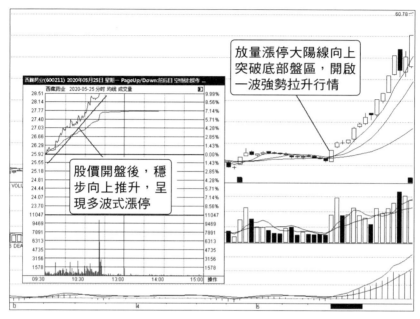

▲ 圖 3-11　西藏藥業（600211）日 K 線和分時走勢圖

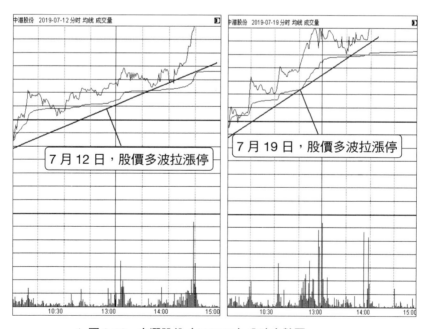

▲ 圖 3-12　中潛股份（300526）分時走勢圖

勢，主力邊拉升邊洗盤，盤中低點越來越高，而高點不斷被突破，股價穩步向上推高，均價線向上運行，尾盤穩固封漲停。針對這類個股，投資人可以在均價線附近選擇介入。

每天 5 分鐘 Tips

多波漲停的操作技巧為，在當日均價線附近介入，要求均價線處於上行狀態，起碼均價線也要保持水平運行。

3-2

掌握分時漲停盤面的 3 大重點

分時漲停盤面要素包括大單掛單、成交密度和上漲速度三方面。大單掛單的出現，表明主力向漲停發起進攻的訊號；成交密度的大小，則反映出主力發動攻擊後的市場回應程度；而上漲速度的快慢，則提示該股的漲停屬於什麼性質（吸籌、拉升或出貨）的漲停。

3-2-1 第 20 日戰記
大單成交與漲停：有 4 種常見的掛單方式

所謂的大單是相對的，因股本結構的大小而不同，一般大型股在 2000 張以上，中型股在 800 張以上，小型股在 200 張以上。當個股在分時盤面上，突然出現連續的或斷續的大單掛單時，就要注意了，一旦這些大單開始成交，表示主力可能要拉升。通常有以下四種常見的掛單方式：

壓盤式掛單

這種掛單方式在委賣檔中，連續出現三檔以上的大賣單，其目的是想讓市場知道該股賣壓很大，讓盤中散戶選擇賣出，這是主力在拉升前進行最後的試盤。常見的有遞增壓盤式、遞減壓盤式和混合壓盤式三種。

(1) **遞增壓盤式掛單**：在委賣檔中，出現三檔以上的遞增式大賣單，即第二檔的掛單比第一檔的大，第三檔的掛單比第二檔的大，這種盤面的目的是想告訴市場，上方的賣壓越來越大，如果不趁早賣出自己手中的籌碼，後面會越來越困難。

(2) **遞減壓盤式掛單**：在委賣檔中，出現三檔以上的遞減式大賣單，即

第一檔的掛單最大，後面兩檔依次減少。這種盤面的目的是想告訴市場，只要吃掉第一檔的掛單，後面的賣壓就越來越小，主力一旦吃掉第一檔大單，往往市場就會立刻出現跟風盤，後面的掛單會在很短時間內被一掃而光，股價出現快速上漲。

(3) **混合壓盤式掛單**：在委賣檔中，不時出現大賣單壓盤，當掛出的大賣單被大買單吃掉，股價不斷向上拉升，表示買盤積極，向漲停衝擊。

托盤式掛單

這種掛單方式在委買檔中，連續出現幾檔非常明顯的大買單，其目的在告訴市場下方接盤巨大，不用擔心股價出現下跌，可以放心買入該股。而當上方的賣單被吃掉後，盤面又會出現類似的大買單，其重心會不斷上移，反覆多次，直至漲停。這種買單往往出現在單一式托盤掛單和遞增式托盤掛單，此兩種方式之中。

(1) **單一式托盤掛單（遞減式）**：在委買檔中，出現一檔明顯的大買單，阻止股價的下跌，給人安全感，產生一種「一夫當關，萬夫莫開」的視覺衝擊力，這種掛單通常在被賣盤打掉以後，還能反覆出現。通常大型股在10000 張以上，中型股在 3000 張以上，小型股在 500 張以上，這些托單可以出現在任一價位，但在整數價位上出現的可能性較多。

(2) **遞增式托盤掛單**：在委買檔中，出現三檔以上的大買單，第二檔買單比第一檔的大，第三檔買單比第二檔的大，給人一種金字塔式的穩定感。有時候這種掛單也出現出某種遞減式排列，其意在於顯示主力實力雄厚，號召市場與主力一起參戰。

夾板式掛單

這種掛單方式是指主力在委買、委賣兩檔中，分別在某一個價位掛出大單，使買賣盤面上顯示出一種上有壓力、下有支撐的夾板式盤面格局，讓市場在某一段時間裡始終在一個「夾板」限定的空間成交（有單層和多層兩種掛法），夾板一旦撤離，或是被大單打掉，就是主力向漲停發起最後進攻的訊號，此時要不惜一切追漲買入。

連續式掛單

這種掛單方式是指在委買、委賣兩檔中，密集掛出連續的委買和委賣大單，顯示出市場參與者的籌碼特別豐富，買賣氣氛十分熱烈的一種盤面。這種盤面告訴大家，如果是大型股，表示各路資金雲集於此，多空雙方分歧明顯，要想攻擊漲停，多頭必須付出極大的努力；如果是中、小型股，則透露出主力不想單獨拉升，欲借市場集體力量去推進股價上漲的意願。通常有「對稱性連續式掛單」和「非對稱性連續式掛單」兩種。

(1) **對稱性連續式掛單**：在委買和委賣檔中，除了價位的連續性這個特徵外，還有一個特徵就是掛出的大單基本上對稱，比如買盤是五檔四位數，那麼賣盤也往往是五檔四位數。這種盤面的掛單通常在五檔買賣檔全部掛滿，如同「蜂窩」一樣，一個連著一個，給人一種水潑不進、風刮不進的感覺，大有一種不能插足，難以參與的感覺。

(2) **非對稱性連續式掛單**：在委賣盤上出現連續式掛單，在委買盤上則是市場的自然接盤掛單；或者，在委買盤上出現連續式掛單，在委賣盤是市場自然盤掛單。這裡透露出兩種相反的資訊：賣盤力量極大或買盤力量極大。據實盤經驗，委賣檔上的連續式掛單一旦開始被吃掉，漲停的機率遠遠高於委買式連續掛單的漲停機率。

原因是前者是主力的對倒盤，屬於主力主動性攻擊行為；而後者則是在主力「誘導」下，屬於市場力量的買盤，上漲的力道自然不如前者。因此，當賣檔連續式掛單一旦被主力吃掉，漲停就一觸即發，如果發現主力攻擊，就要第一時間搶進。

需要說明的是，以上幾種大單掛單形式經常交錯，不一定以單一形式出現，這是主力的操盤習慣和個性所然。而且，大單掛單的成交應該也是被大單吃掉，如果是小單去啃掉這些大單，則該股漲停的機率會大大降低，因為那不代表主力行為，即使漲停，也沒有連續上升的動力。

如果委賣盤是散戶的掛單，主力在下方托盤護著，主力意圖就是等散戶來拉動，減輕壓力，僵持時間長。一旦從容地被吃掉，就有可能進行拉升，一般在最後半小時突破，一旦出現就有可能拉漲停。

每天 5 分鐘 Tips

當個股在分時盤面上，突然出現連續的或斷續的大單掛單，且這些大單開始成交，表示主力有可能要拉升了。

3-2-2　第 21 日戰記
成交密度與漲停：密度越大，參與者越多

　　成交密度是指股價拉升中所出現的成交頻率，在單位時間裡成交的緊密程度，它是一個單位時間概念。成交密度的大小與該股能否漲停，以及漲停後的走勢，都有直接的關係。一般而言，成交密度越大，表示參與者越多，成交越活躍，漲停的機率就越大；反之，則越小。影響成交密度的兩種因素如下：

掛單密度與成交密度

　　一般而言，掛單的密度越大，則成交的密度也越大。從目前滬深兩市的電腦自動撮合成交的間隔度看，成交密度最大可以達到每分鐘 20 筆，即一分鐘顯示 20 次，成交間隔越接近 20 筆，其成交密度就越大，漲停的機率就越大；反之，漲停的機率就越小。

　　如圖 3-13 上海雅仕（603329）的分時圖所示，這是該股 2020 年 6 月 19 日的分時走勢，開盤後沒做任何整理，直接出現兩波式拉漲停。在分時成交中，成交密度大，一分鐘（9:40）達到 20 筆，成交量明顯放大，股價快速漲停。

掛單密度與成交張數

　　有時候，掛單的密度不大，但成交的密度卻不小，分時圖的走勢也是一條光滑的曲線，但這往往是一種假密度表現，屬於螞蟻啃骨頭式的成交。這種成交是由密集的小單組成的，這些小單大部分是散戶的交易行為，並不是主力的主動性買盤所致，所以其漲停的機率就小。

　　如圖 3-14 金陵體育（300651）的分時圖所示，該股在 2020 年 6 月 19 日的分時走勢中，一分鐘成交密度只有 4 筆，股價也出現小幅拉高，但掛單

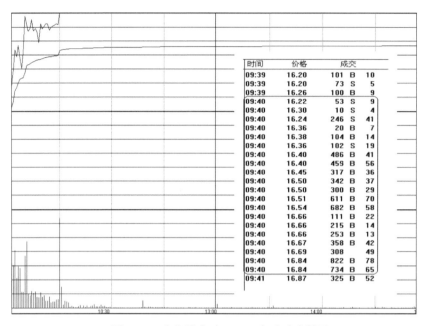

时间	价格	成交	
09:39	16.20	101	B	10
09:39	16.20	73	S	5
09:39	16.26	100	B	9
09:40	16.22	53	S	9
09:40	16.30	10	S	4
09:40	16.24	246	S	41
09:40	16.36	20	B	7
09:40	16.38	104	B	14
09:40	16.36	102	S	19
09:40	16.40	486	B	41
09:40	16.40	459	B	56
09:40	16.45	317	B	36
09:40	16.50	342	B	37
09:40	16.50	300	B	29
09:40	16.51	611	B	70
09:40	16.54	682	B	58
09:40	16.66	111	B	22
09:40	16.66	215	B	14
09:40	16.66	253	B	13
09:40	16.67	358	B	42
09:40	16.69	308		49
09:40	16.84	822	B	78
09:40	16.84	734	B	65
09:41	16.87	325	B	52

▲ 圖 3-13　上海雅士（603329）分時走勢圖

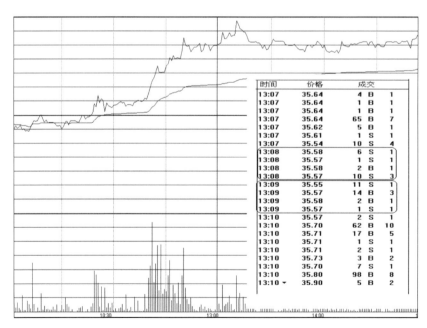

时间	价格	成交	
13:07	35.64	4	B	1
13:07	35.64	1	B	1
13:07	35.64	1	B	1
13:07	35.64	65	B	7
13:07	35.62	5	B	1
13:07	35.61	1	S	1
13:07	35.54	10	S	4
13:08	35.58	6	S	1
13:08	35.57	1	S	1
13:08	35.58	2	B	1
13:08	35.57	10	S	3
13:09	35.55	11	S	1
13:09	35.57	14	B	3
13:09	35.58	2	B	1
13:09	35.57	1	S	1
13:10	35.57	2	S	1
13:10	35.70	62	B	10
13:10	35.71	17	B	5
13:10	35.71	1	S	1
13:10	35.71	2	S	1
13:10	35.73	3	B	2
13:10	35.70	7	S	1
13:10	35.80	98	B	8
13:10 ▾	35.90	5	B	2

▲ 圖 3-14　金陵體育（300651）分時走勢圖

密度不大，成交量很小，大多是 10 張以內的小單子，而股價也上竄下跳。表示主力並沒有真正拉動股價，所以持續走高的可能性不大，除非大盤或板塊十分強勢的情況下，才有可能尾盤跟風漲停。

每天 5 分鐘 Tips

成交密度是指股價拉升中所出現的成交頻率，在單位時間裡成交的緊密程度，其大小與漲停後的走勢有直接關係。

3-2-3 第 22 日戰記
上漲速度與漲停：拉升中的漲停，表示主力吸足籌碼

上漲速度是指股票在其攻擊漲停過程中的快與慢。一般而言，股價上漲的速度越快，其漲停的機率就越大；反之，則越小。這是因為上漲速度反映出主力向上攻擊的決心，速度越快，盤面氣勢越強，表示主力決心越大。尤其是拉升階段中的漲停，主力已經吸足籌碼，經由快速上漲擺脫成本區，同時也是穩定市場其它籌碼的一種好方法。上漲速度的兩種走勢如下：

跳躍式上漲

所謂跳躍性上漲是指股價在經過一段盤整之後，突然擺脫盤整區域而快速上漲。這種「跳躍」往往是用一兩筆大單，快速敲開掛在上方的大賣單，然後一路掃去，股價呈現出跳躍性的上升。分時圖呈現出一條接近 90 度的上衝線直至漲停，經常形成分時「跳空」現象。有時候，往往也會上衝到某一價位時繼續盤整一段時間，然後再次「跳躍」直至漲停，呈現波段式拉升。

如圖 3-15 新力金融（600318）的分時圖所示，這是該股 2020 年 6 月 19 日的分時走勢，經過一段推升走勢後，從 9:51 開始加速拉漲停，出現跳躍式拉升，幾乎接近 90 度上行，分時走勢出現多個「跳空」缺口，盤面非常強勢，短期新高可期。

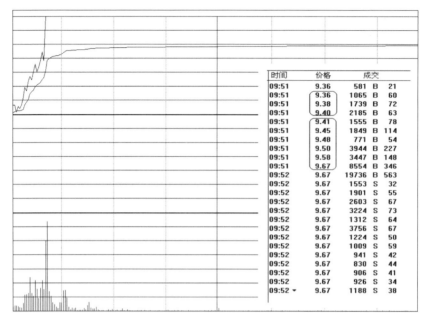

时间	价格	成交		
09:51	9.36	581	B	21
09:51	9.36	1065	B	60
09:51	9.38	1739	B	72
09:51	9.40	2185	B	63
09:51	9.41	1555	B	78
09:51	9.45	1849	B	114
09:51	9.48	771	B	54
09:51	9.50	3944	B	227
09:51	9.58	3447	B	148
09:51	9.67	8554	B	346
09:52	9.67	19736	B	563
09:52	9.67	1553	S	32
09:52	9.67	1901	S	55
09:52	9.67	2603	S	67
09:52	9.67	3224	S	73
09:52	9.67	1312	S	64
09:52	9.67	3756	S	67
09:52	9.67	1224	S	50
09:52	9.67	1009	S	59
09:52	9.67	941	S	42
09:52	9.67	830	S	44
09:52	9.67	906	S	41
09:52	9.67	926	S	34
09:52 ▾	9.67	1188	S	38

▲ 圖 3-15　新力金融（600318）分時走勢圖

斜坡式上漲

　　所謂斜坡性上漲是指股價從某一個價位起漲後，中間沒有明顯的停頓，沿著一定的角度推升。這種上漲看似沒有跳躍性上漲的速度快，但由於其上漲途中沒有明顯的盤整平台，所以整體的上漲速度也很快。它與跳躍式上漲的區別是：跳躍式上漲好比撐竿跳，斜坡式上漲如同爬樓梯，前者充足底氣，一氣呵成；後者運籌帷幄，步步為營。

　　如圖 3-16 英科醫療（300677）的分時圖所示，這是該股 2020 年 4 月 9 日的分時走勢，股價平開後沿 45 度穩步推升而上，分時中沒有明顯的回檔走勢，也沒有跳躍式分時「缺口」，即使偶爾出現跳空也很快被回補，盤面走勢十分穩健，尾盤封於漲停，這是一個穩健的漲勢訊號。

　　需要特別說明的是，大單成交、成交密度和上漲速度三者之間，是一種相互關聯、相互滲透的關係。在大多數情況下是同時出現或交替出現的，但在特殊條件下，只要一兩個要素出現，也可以使股價漲停：

　　(1) 小型股在上市一段時間後，往往可以不用大單成交，就能使股價有效漲停。

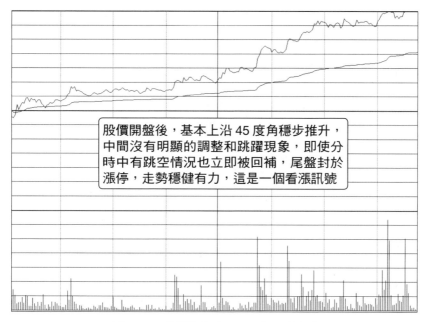

股價開盤後，基本上沿 45 度角穩步推升，中間沒有明顯的調整和跳躍現象，即使分時中有跳空情況也立即被回補，尾盤封於漲停，走勢穩健有力，這是一個看漲訊號

▲ 圖 3-16　英科醫療（300677）分時走勢圖

(2) 小型高價股在被主力控盤後，通常能在成交密度很低、上漲速度很慢的情況下攻擊漲停，因此可以忽略成交密度。

(3) 超級大型股通常成交密度很大，但上漲速度不快，往往很難有效衝擊漲停，因此也可以忽略成交密度。

每天 5 分鐘 Tips

股價上漲速度是指股票在其攻擊漲停過程中的速度，速度越快漲停的機率就越大，反映出主力向上攻擊的決心。

從漲停封盤 & 開板，看穿主力意圖

3-3-1 第 23 日戰記
漲停封盤分析：由委託量，可判斷主力出貨或建倉

漲停封盤量

　　所謂漲停封盤量就是在漲停價委買檔中的委託量。一般有兩種意義：一是主力拉高建倉，二是主力拉高出貨。

　　怎樣來判斷主力出貨還是建倉？首先要對比股票前期底部，與現在漲停後放量時的距離，若前期底部與漲停放量處有 30% 以上的漲幅，就必須注意主力有出貨的可能。其次要看放量前股價的走勢，如果是較強上升至漲停價放量，一般主力很難出貨或者很難全身而退，這類個股還會有第二次放量的機會。

　　在放量的個股中，當天的走勢和未來幾日的走勢，也能大致推算主力動向，若放量當天仍以漲停報收，那麼未來仍有一定上升空間；若當天放量拉出帶有上影線的陰線，那麼短期整理不可避免；如果當天放量拉出陰線，之後幾日不破 10 日均線，並且放量再次攻破前期放量高點，未來仍有上升空間。

　　漲停封盤可以分為「無量空漲型」和「有量封死型」。無量空漲型，指在股價拉升過程中，多空力量對比出現一邊倒，多方明顯佔據優勢，股價仍將繼續上漲。有量封死型比無量空漲型上漲幅度可能稍遜一籌，其含義是有一部分看空的籌碼賣出，但看多的更多，始終買盤龐大，拒絕開板，主力有意顯示其超凡實力，只想告訴賣方一聲，且慢出手。

　　大量封盤的原因不外乎以下四點：一是突發性政策利多，主力在前一日

收盤後得到確切消息，今日開盤後立即以漲停價搶盤；二是個股主力經過吸納、試盤、洗盤後進入急速抬拉階段，或板塊熱炒；三是個股潛在重大利多。當然也有子虛烏有、瞎編亂造之嫌，主力希望所掌控的個股充當大盤或板塊領頭羊的作用，從某個漲停開始連續拉抬幾個漲停，創造賺錢效應，吸引散戶跟隨主力入市；四是主力融資期限較短，需速戰速決。反正造成巨單封漲停的假象就好，自己往外甩貨，有時打開之後，根據市場分時走勢小量再拉上去。

那麼如何界定封單的大小呢？根據股本結構和筆者的實盤經驗，漲停封單可分為以下五個級別：

(1) 流通盤在 1 億以下，漲停封單在 20000 張以上，為強勢。

(2) 流通盤在 2 億~5 億，漲停封單在 40000 張以上，為強勢。

(3) 流通盤在 6 億~10 億，漲停封單在 50000 張以上，為強勢。

(4) 流通盤在 11 億~30 億，漲停封單在 100000 張以上，為強勢。

(5) 流通盤在 31 億以上，漲停封單在 120000 張以上，為強勢。

需要說明的是，以上劃分只是大概的區間，而非絕對數值。一般來說，短線無論股價處於上升趨勢還是下跌趨勢中，出現上述強勢封盤時，次日大多出現高開可能；股價處於下跌趨勢中，出現強勢封盤時，趨勢逆轉的日子已經為時不遠；股價處於底部區域，出現強勢封盤時，則股價啟動為時不遠。

封單的盤面語言

漲停後的封單隱含著許多訊息，能夠透露對手盤、跟風盤和競爭盤的大小，以及主力意圖和後市動向。

(1) **巨量封單的秘密**：漲停封單的大小跟走勢的強弱成正比，儘管巨量封單的背後有些是假的，但不可否認的是，封單的量越大，其中的真實買盤相對來說就越多。如果只是零零散散的買盤，最後即使封住漲停，這種盤面也讓人捏一把汗。漲停背後通常蘊藏著三大秘密：

首先，**漲停說明供不應求。買進的人要排隊才能買進，賣出的人想賣就能賣掉**，這是漲停給市場帶來的最客觀的感受，也是漲停背後第一個「秘密」。

供不應求，對價格來說，是好事情。所以，在大部分情況下，漲停的個

股大都會有繼續上漲的慣性。造成供不應求的原因很多，有時是大盤好，有時是上市公司有利多消息，還有一種可能就是純粹的主力行為。但無論是哪一種情況，都顯示出股價上漲產生了強大的動力。

其次，漲停的出現會使市場被迫以時間來換空間。從物質層面上講，時間和空間是不能交換的，但在市場裡，情況就不一樣了。空間被限制住了，然後經由時間的延長，寄希望於市場各方面心態發生變化。所以，**漲停的背後就是用時間換空間，這是它的第二個「秘密」**。

時間換空間，有換得成和換不成兩種情況。如果經由時間的延長，買進的衝動被抑制了，賣出的衝動被鼓勵了，這時時間和空間就實現了交換，漲停制度的目的就實現了；如果經由時間延長，買進的衝動進一步發酵，賣出的衝動變成了惜售，那麼漲停就成了一個蓄積買盤的「蓄水池」，一夜之後，漲勢會更加洶湧。

第三，漲停背後總有一些虛假的「買盤」。經常看到出現漲停之後，買盤越堆越多，出現巨量封死漲停的情況。可以肯定地說，大部分漲停的背後，都會有虛假買盤在裡邊掛著。明明買不到，為什麼會有那麼多買盤在那裡排隊呢？哪怕是等到收盤也不會成交，但就是掛在那裡，這種買盤一定是假的。所以，**每一個漲停的背後，都要想一想多少買盤是真的，多少買盤只是掛出來「騙人」的**，這是漲停背後的第三個「秘密」。所以，不是所有的漲停都是迷人的天使，惡魔就站在天使的背後。

⑵ **巨量封單的類型**：漲停時帶有巨量封單，這是股價漲停的主要標誌。這裡的巨量一般來說要達到流通盤的 5% 以上。散戶往往只關注股價的漲停，而忽略漲停的封盤量，但這正是一個重要的盤面細節。

基本面平靜而股價巨量封漲停，這只能是主力行為。盤面語言就是：有這麼多的買盤掛在漲停價上，股價要大漲。由於巨量封住漲停，實際上是買不到籌碼的，主力也不希望賣盤出來，當然要結合股價所處的具體位置綜合分析。

如果股價是在低位，那麼主力有可能想做一波行情，但也有可能是拉高以後減倉。如果分析相對強度指標之類的圖形，就能夠大致判斷出來。

如果股價在高位，表示主力控制的籌碼較多，同時股價也在主力的獲利區域。即使爆出巨量甚至一度打開漲停，但後來又快速用巨量封回漲停，那

也只是強調了買盤巨大的虛假資訊，實際上其中很大一塊是主力自己的對倒盤。因為主力的籌碼太多，所以打開漲停的目的，是為了讓漲停價上的部分市場買單成交，這是主力有出貨意願的一次試探。

如果股價處於從高位回落後的回穩過程，那麼表明當前市場上的籌碼大多還是被套，因此主力還要借助大量持籌的優勢，將股價再度推高。由於前期股價已經有過回落，表明主力減倉不順但仍然會繼續尋機減倉，但不一定是全身而退。

經由巨量封單這一個細節，結合完整的圖形分析，大致可以摸清主力的意圖，從而制定自己的操作策略。

(3) **什麼樣的封單是可靠的**：很多人會有以下困惑——有時候漲停封單很少，感覺像隨時要打開的樣子，但偏偏股價天天上漲。還有一種情況是，超級大單幾十萬張或幾百萬張封住漲停，但第二天卻高開低走，甚至直接低開震盪。所以說，封單大小跟漲停的性質好壞有很大關係。小封單的漲停個股，基本上屬於鎖倉股，有的個股不但封單少，而且成交量也很少，這就是所謂的主力股。

至於大封單，怎樣才是合理的，特別是這種大封單一旦打開封盤的時候，敢不敢再拉起來做二次封盤？如何判斷？關鍵在於大單是裝腔作勢，還是真的直接接貨。

如圖 3-17 華聞集團（000793）的分時圖所示，2020 年 6 月 10 日，該股開盤後 10 分鐘拉漲停，個股擠進漲幅榜前列，且封單兇猛。但是過了一會由於賣壓很大，當大單吃了一部分之後，主力選擇撤單一部分，封盤被砸開，接下來出現二次封盤。從分時盤面可以看出，二次封單結構發生了明顯的變化，大單明顯增多，量能放大，把全部賣單吃掉，漲停被封死，此後賣盤立即萎縮，直到收盤封單不動。

因此，判斷一個漲停封單是否良好的標準為，看排在前面的大單（基本都是主封單）的態度是如何的，如果看封單跟上了迅速撤單，那麼這個漲停就不是什麼好現象。如果直接吃掉，那麼至少說明主力封單對於今天的封盤是很堅決的。

而判斷一個漲停是否成功有兩個標準：一是收盤時漲停不開，收在漲停價；二是次日見紅（高開高走更好）。圖3-17的第一個標準就是當再次封

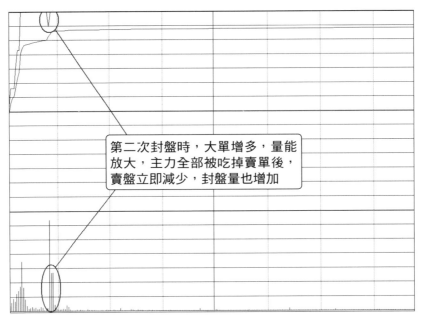

第二次封盤時，大單增多，量能放大，主力全部被吃掉賣單後，賣盤立即減少，封盤量也增加

▲ 圖 3-17　華聞集團（000793）分時走勢圖

盤後直到收盤不再開板，這種漲停就可以積極關注。至於第二個標準，因為大單的強行介入，大多屬於主力行為，相信第二天會有更好的表現。

漲停封單的特徵

封單數量大小，表示買方力量的大小。這個數量越大，繼續上漲的機率越大。漲停後封盤的細微變化，呈現出如下顯著特徵：

(1) 一般當封盤量÷當日成交量>1，表示買氣較大，次日仍會有高點。一般情況下大封單較穩定，當天漲停被打開的機率較少，大概30%左右。

(2) 若封盤量÷當日成交量>5，次日仍有漲停可能。

(3) 當天走勢為開盤即封停，做多意願堅決，不開板堅決持有。

(4) 雖有開板，5分鐘內又被封板，繼續持有，否則可以出場。封盤後打開的次數越多、時間越久，且成交量越大，則行情反轉下跌的可能性越大。漲停「關門」的時間越早，後市漲升的力道也就越大。

(5) 開盤後直線拉漲停，多為強勢主力所為，可關注次日走勢，一旦次日衝高不能封盤且成交量過大，則果斷賣出。

⑹ 震盪漲停，一般不易被發現，即使發現該股漲幅已大，盤中震盪容易使前幾日獲利盤洗出，這一類漲停個股上升空間更大。

⑺ 成交量的意義比封單重要，當天成交量較少而較早漲停，後市看漲。

⑻ 前期漲幅不大，出現封單少，有可能是主力故意誘空，借漲停收集籌碼。有時小單封盤，表示主力高度控盤，連續上漲的機率更大。

⑼ 大單封盤說明主力做多意願強烈，不過也反映主力籌碼不多，很有可能是短線炒作。

⑽ 一般情況下，漲停時的成交量小，則意味著行情繼續向原趨勢發展，成交量一旦放大，則行情的原有趨勢反轉在即。

每天 5 分鐘 Tips

對比股票前期底部，與現在漲停後放量時的距離，若前期底部與漲停放量處有 30% 以上的漲幅，就要注意主力有可能出貨。

3-3-2 第 24 日戰記
漲停打開分析：反覆打開漲停的情況，要多方面研判

在實盤中，幾乎每天都能看到，有的個股漲停後全天封單不動，這是一種非常強的態勢；而有的個股漲停後開開合合，封得不牢，總給人一種不太放心的感覺。

這些斷斷續續的封單有一點是可以肯定的，那就是每一次漲停被打開以後，股價回落的幅度不會很大，否則就很難重新封到漲停的位置。因為回落幅度過大的話，會動搖市場的做多意願，減少追漲買盤。當然，高度控盤的強勢主力股除外，在強勢主力股的「表演」中，甚至會出現從漲停開板後快速打壓到跌停位置，然後又兇猛地拉升到漲停的極端走勢。

漲停封不住的類型

就分時走勢而言，漲停封不住的盤面現象，可分為以下三種類型：

第一類：個股只是在盤中瞬間上衝到漲停價，短暫的封板後，馬上就開板，然後股價當天再也沒有到過漲停價。這種現象大多出現在以下幾個時

段：階段性上漲高點、跌勢中的反彈高點、震盪中的衝高情形、築底中的衝高走勢。

對於這一類的漲停，如果處於漲幅較大的高位，短線要堅決迴避，這類個股第二天乃至以後數日走勢，股價基本上都會偏弱，因此不是短線出擊的目標。如果處於大幅整理的低位，有可能是主力拉高建倉或洗盤行為，逢低可以積極關注。

如圖 3-18 所示，該股股價見底後出現一波較快的拉高行情，2020 年 6 月 17 日開盤後震盪走高，股價強勢封至漲停，似乎仍有上攻動力。但是，封盤時間不到 30 分鐘就開板，股價回落到當日均價線下方震盪，尾盤連均價線也無力站上。第二天股價跌停，階段性頂部出現。該股分時走勢中有一種現象應值得注意，那就是典型的「量價背離」走勢，股價拉高時成交量反而呈現減少態勢，顯示市場跟風並不積極，這也是股價見頂的重要標誌。

如圖 3-19 所示，該股在底部出現長時間的震盪整理，向下打壓破位後，開始漸漸止穩回升。2020 年 3 月 5 日，股價一舉拉漲停，突破前期整理平台，次日股價高開低走出現震盪。3 月 9 日，低開 5.31% 後強勢拉起，股價一度

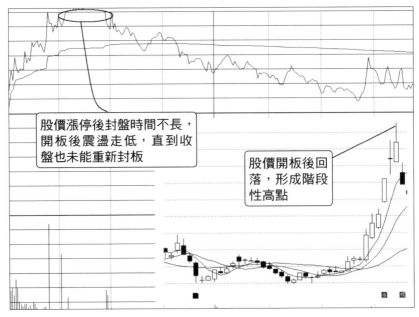

▲ 圖 3-18　北陸藥業（600016）日Ｋ線和分時走勢圖

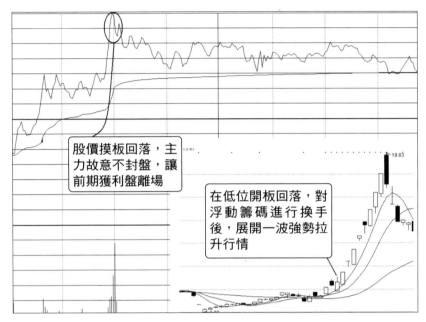

股價摸板回落，主力故意不封盤，讓前期獲利盤離場

在低位開板回落，對浮動籌碼進行換手後，展開一波強勢拉升行情

▲ 圖 3-19 通光線纜（300265）日 K 線和分時走勢圖

摸板，但封盤不到 1 分鐘，股價開始回落，之後呈現橫向整理。表明主力利用衝板但不封盤的形式，動搖前期散戶持股信心，達到洗盤或加碼的目的。次日開始股價快速拉升，8 個交易日裡拉出 7 個漲停。

第二類：個股當天封了一段時間的漲停，但是下午或尾盤被放量打開，然後再也封不住漲停。對於這一類的個股，如果早盤已經介入，第二天最好開盤就走，通常損失不會太大，因為當天的漲停雖然被打開，但幅度不會太大。之所以第二天要快走，是因為主力當天既然封不住漲停，就證明主力封漲停的意圖不堅決，或者沒有這個實力，那麼散戶所要做的就是趁主力出貨前先溜之大吉。當然，這類個股還要結合股價位置高低、前期有無快速拉升和大盤環境等因素，進行綜合分析。

如圖 3-20 所示，該股見頂後逐波下跌，累積跌幅較大，股價超跌嚴重。2019 年 10 月 10 日開始，出現一輪強度較大的反彈行情。10 月 31 日，延續強勢態勢，開盤後兩波拉漲停，但午後開板回落，未能回封。表示主力無力封盤，第二天開始股價出現震盪走低，呈倒 V 形反轉形態。

第三類：需特別注意的就是個股早已封盤，漲停後卻又開開合合，一直

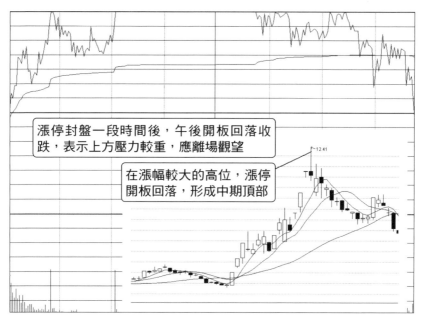

> 漲停封盤一段時間後，午後開板回落收
> 跌，表示上方壓力較重，應離場觀望

> 在漲幅較大的高位，漲停
> 開板回落，形成中期頂部

▲ 圖3-20　智度股份（000676）日K線和分時走勢圖

到下午甚至尾盤才再度封漲停，這類股票只要當天能再度封停，次日仍有上衝動作，短線可以出擊。

　　如圖3-21所示，2020年6月8日，該股開盤後幾乎單波拉漲停，強勢封盤，形成突破走勢。但是，主力封盤似乎並不堅決，盤中多次開板，全天在漲停價附近震盪，給人感覺很不安全，一直持續到尾盤才再度封板。第二天，股價高開後繼續封漲停，從此開啟一波拉升行情。

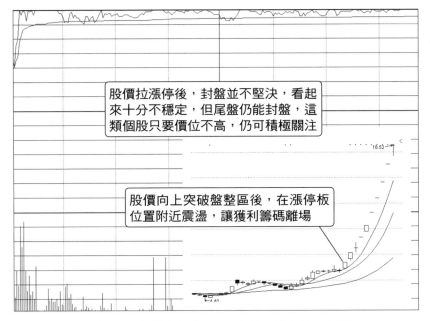

股價拉漲停後，封盤並不堅決，看起來十分不穩定，但尾盤仍能封盤，這類個股只要價位不高，仍可積極關注

股價向上突破盤整區後，在漲停板位置附近震盪，讓獲利籌碼離場

▲ 圖 3-21　凱撒文化（002425）日 K 線和分時走勢圖

漲停封不住的原因

反覆打開漲停的情況較為複雜，主要應從股價漲幅、漲停性質和大勢冷暖等方面研判。漲停封不住的主要原因有以下幾種：一是漲停剛好是臨近上次被套的成本線，面臨巨大的賣盤壓力；二是主力不封死漲停，嚇出更多的散戶；三是主力資金量不大，由於賣壓盤過大，沒有能力封上漲停；四是主力用漲停出貨，不停的打開又封盤，封上再打開。

(1) **吃貨型開板**：從表面上看，股價上衝到漲停價位可以排除普通散戶的買入行為，當然有時候大戶的持續買入也會使股價一路上漲，但絕對不會多次衝向漲停。只有在主力要籌碼的時候，股價才出現漲停又封不住，此時市場賣盤會大量湧出，主力為了買進更多的籌碼就不會去封住漲停，於是在每次漲停後放手讓賣盤殺出，再繼續買進封盤。

吃貨型開板一般處於近日無多大漲幅的低位，而大勢往往較好。低迷市、盤整市則無需在漲停價位吃貨，特點是剛封漲停時可能有大單買進等候，這大多是主力自己的，然後大單砸下，造成盤面恐慌，引誘散戶出場，主力接盤，之後小手筆掛在買盤，反覆震盪，有封不住的感覺。

如圖 3-22 所示，該股 2019 年 9 月 20 日和 11 月 1 日，幾乎出現同樣的盤面走勢，股價拉到漲停後，封盤不久就開板震盪，直到最後也未能重新封板。從該股日 K 線看，股價觸及前期高點壓力，主力巧妙地利用該位置在散戶心理的壓力作用，進行拉高建倉，讓散戶在突破前出場觀望，然後進行短暫的強勢整理，最終向上強勢攀高。

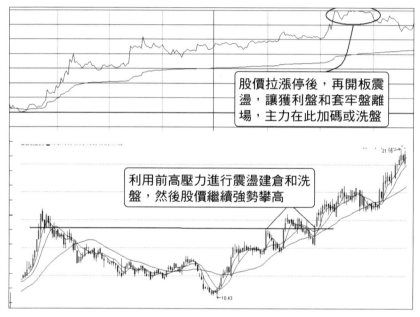

▲ 圖 3-22　蒙娜麗莎（002918）日 K 線和分時走勢圖

所以，對於處在歷史低位的個股，當大勢出現震盪，難免會產生見好就收做短線的心態，主力也借助散戶這種心態進行震盪，以達到獲得廉價籌碼的目的。處在低位應該是介入的極佳個股，如果因主力收集籌碼不充分，而出現回檔低點，則是介入的較佳時機。

(2) **洗盤型開板**：股價處於中位，有了一定的上漲幅度，為了提高市場成本，有時也為了高賣低買賺取價差，會將自己的大買單賣掉或直接賣掉散戶的掛單，反覆上下震盪進行洗盤換手。

如圖 3-23 所示，該股止穩後向上爬高，2015 年 11 月 3 日股價逐波上漲，一度接近漲停價，這時主力利用前期高點的壓力進行洗盤整理，股價漸漸回

落，收出一根帶長上影 K 線。這根 K 線的屬性，從次日的走勢就能找到答案，次日股價強勢漲停，表示強勢洗盤成功，此後股價繼續強勢上漲。

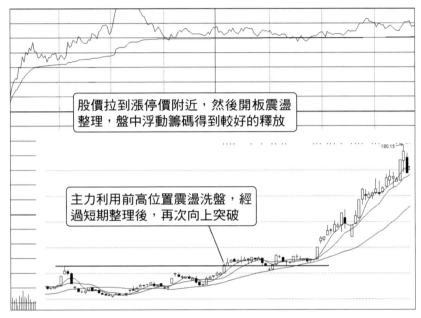

股價拉到漲停價附近，然後開板震盪整理，盤中浮動籌碼得到較好的釋放

180.15

主力利用前高位置震盪洗盤，經過短期整理後，再次向上突破

▲ 圖 3-23　北方華創（002371）日 K 線和分時走勢圖

所以，對於已經走出底部的個股，特別是那些經過長期平台蓄勢的個股，在大盤的探底過程中，相當抗跌。顯示主力有較好的控制能力，隨大勢向上突破後，出現一定的震盪，可以增加市場的持籌成本。由於正處於洗盤階段，後市可能迅速進入主升段，應以中短線關注為主。

（3）**出貨型開板**：主力利用市場「放量會漲」的習慣思維，盤中吸引買盤，抓住時機，當市場買單跟得上時出貨，跟不上時反向運作將股價推到漲停，畢竟在大盤或消息面的支撐下賣盤還不是太多。

主力出貨與主力全身而退並不是同一個概念，主力為了維護股價經常增加籌碼，因此如何將獲利籌碼轉移給散戶，始終是主力要考慮的事。有時主力出貨還會在更低點買回，所以接下來在主力的刻意動作下，股價會有一個回落整理的過程，等到主力把該買回來的籌碼買回來了，新高也就可期了。

只要主力減倉，股價必須下降。究竟是屬於哪一種情況，還要連帶其他

因素分析，比如成交量、價位、盤面的大小等等。

如圖 3-24 所示，該股從 2020 年 1 月 20 日開始連續拉出 8 個漲停，主力獲利十分豐厚，不斷兌現獲利籌碼。2 月 7 日，股價開盤後出現「秒板」，然後開板並快速封板，這一現象吸引了不少散戶跟風買入，但封盤一段時間後，放量打開封盤，股價震盪走低，當天收跌 3.30%。結合日 K 線分析，股價出現快速大幅拉升，這時衝高回落收黑，明顯就是一個見頂訊號。可見，對於處在高位特別是快速大漲後的個股，漲停通常是主力出貨的一種手段，介入風險較大，應遠而避之。

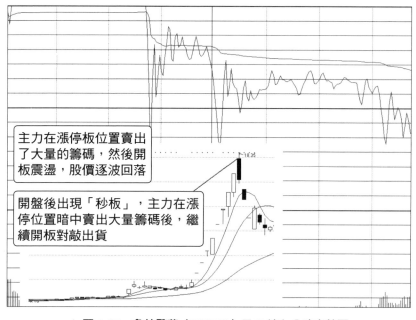

主力在漲停板位置賣出了大量的籌碼，然後開板震盪，股價逐波回落

開盤後出現「秒板」，主力在漲停位置暗中賣出大量籌碼後，繼續開板對敲出貨

▲ 圖 3-24　魯抗醫藥（600789）日 K 線和分時走勢圖

每天 5 分鐘 Tips

斷斷續續封單下，每一次漲停被打開以後，股價回落的幅度不會很大，否則會動搖市場的做多意願，減少追漲買盤。

第 4 章

【每天學】

結合技術分析 & 盤面氣勢，迅速找到絕佳買賣點！

4-1

由盤面氣勢判斷漲停真假

股市中的氣勢指股價上漲的氣概、勢頭。股票真正的上漲，一定是有氣勢的漲升，這是從盤面上區分股價上漲的真假、虛實以及判斷主力意圖的參考依據。在實盤中，股價漲停也有真漲假漲，以及漲停後是繼續上漲還是很快地反轉下跌，這都需要從氣勢上做分析。所以，**研判股價上漲的氣勢，有助於我們分清真漲和假漲、大漲和小漲，以及如何躲避風險、及時把握獲利機會。**

觀察盤面氣勢需要一定的看盤經驗和修煉，這可以說是看盤的最高境界。有經驗的投資人能夠領悟到盤面氣勢的強弱，以及氣勢的演變，這很難用一兩句話表達清楚，需要長期累積的經驗和分析能力。

盤面氣勢的主要特徵如下：

⑴ 股價上漲能持續揚升的，才具有投資價值。伴隨股價上漲成交量持續放大或者溫和放大，不是偶然一兩天突放巨量。

⑵ 關鍵位置上漲有力道，突破時有力量，乾脆俐落而不拖泥帶水。

⑶ 在日Ｋ線上，股價緊貼5日均線上行，走勢堅挺，整體走勢的角度大於45度。

⑷ 在分時圖中，呈直線式上升，中間回檔幅度很小，時間很短。

⑸ 壓力阻擋不了股價的持續上漲，主力做多意願堅決。

如果股價上漲沒有氣勢，那只是虛張聲勢而已，意味著該股可能沒有主力，或者主力的實力不夠；或者個股的基本面不支持該股做多，主力沒有底氣或膽量。

沒有氣勢的股票盤面死氣沉沉，其特徵為：上漲不夠持續，股價偶爾突然大漲，成交量突然放大。股價走勢疲軟，整體走勢平緩，角度低於30

度。關鍵位置上漲無力，壓力重重，主力無做多意願。每一個上漲波段以內，K 線陰陽交錯，波段形狀不清晰，5 日均線走平或是彎彎的曲線。個股走勢明顯弱於大盤，整體上漲幅度跟不上同期的大盤上漲幅度，是市場中的「落後者」。

4-2

 從分時盤面分析氣勢

4-2-1 第 25 日戰記
從漲停打開分析：漲停開板次數越少越好

盤面氣勢可分為「日K線氣勢」和「分時盤面氣勢」兩種。「日K線強勢」是指當日或多日以來的表現屬強勢上升狀態。「盤面分時強勢」指當日盤中交易股價不但是上升的，而且盤面分時走勢表現較強勢。

一般情況下，強勢股要求「日K線強勢」和「盤面分時強勢」兩者都要同時具備，表示之前和現在都是強勢表現，這種強勢股才能持續上漲、有向上攻擊力。若日K線強勢，而盤面分時表現下跌或不強，這意味著該股屬於強勢狀態下的整理狀態，不是首選目標。同樣地，若日K線弱勢，而盤面分時表現較為強勢，表示該股屬於弱勢反彈狀態，也不是首選目標。

從漲停開板分析

漲停封盤後的開板情況，可以反映漲停氣勢的強弱：

(1) 漲停封盤後一直不開板的，盤面氣勢最強，次日續漲可期。

(2) 漲停開板後重新快速封回漲停的，盤面氣勢也不錯。

(3) 漲停後受大盤跳水影響而開板，然後重新封盤的，也是強勢盤面。大盤跳水而堅決封盤不動的更好。

(4) 漲停開板次數越少越好，多次開板比偶爾開板的要弱得多。

(5) 開板後未能及時封盤，持續較長時間後再封盤的，其盤面氣勢不怎麼好。

(6) 開板後不再封盤，特別是尾盤開板且不再封盤的，盤面氣勢最弱，

次日有可能低開或下跌。

　　如圖 4-1 深振業 A（000006）的分時圖所示，該股在 2020 年 6 月 15 日開盤後，股價放量上漲拉至漲停，巨量封盤後賣單立即減少。由於當天大盤出現跳水，對該股封盤造成一定衝擊，主力借機開板洗盤，但回落幅度不大，不到 10 分鐘，股價重新封於漲停。這種漲停是完全真實的盤面反映，沒有一點虛假因素存在，表現出主力做多的決心。此為難得的短線機會，可以在重新封盤的瞬間買入。

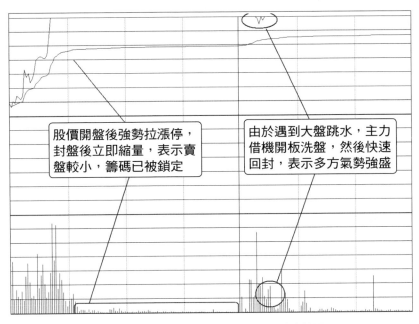

股價開盤後強勢拉漲停，封盤後立即縮量，表示賣盤較小，籌碼已被鎖定

由於遇到大盤跳水，主力借機開板洗盤，然後快速回封，表示多方氣勢強盛

▲ 圖 4-1　深振業 A（000006）分時走勢圖

　　如圖 4-2 克勞斯（600579）的分時圖所示，該股突破後連拉 7 個漲停，2020 年 3 月 5 日在第 7 個漲停上，顯示主力做多積極性動搖了。這天高開 6.80% 後，股價快速拉漲停，但封盤並不堅決，開板後出現大單賣盤，午後勉強封盤，成交量處於放大狀態。這種情況一方面說明上方壓力較大，另一方面反映主力並沒有繼續做多決心。如果這種現象出現在漲幅較大的高位，就不適合於繼續做多了，而已經追進的散戶，應在次日衝高時離場觀望。

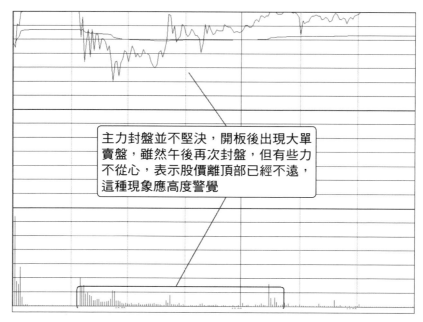

主力封盤並不堅決，開板後出現大單賣盤，雖然午後再次封盤，但有些力不從心，表示股價離頂部已經不遠，這種現象應高度警覺

▲ 圖4-2 克勞斯（600579）分時走勢圖

每天5分鐘Tips

漲停封盤後一直不開板的，盤面氣勢最強，次日續漲可期。漲停開板後重新快速封回漲停的，盤面氣勢也不錯。

4-2-2 第26日戰記
從封盤賣壓分析：漲停後封單越大越好

根據漲停後的賣壓大小，可分析漲停氣勢的強弱：

(1) 漲停後立即關門縮量的最好，表示看多意見一致，後市看好。

(2) 漲停後封單越大越好。

(3) 在大盤跳水時，沒有出現大量賣單的，盤面氣勢強盛。

(4) 漲停後雖有開板現象，但賣盤不大且重新封盤的，盤面氣勢也不錯。

(5) 雖然封盤不動，但封盤時仍出現大手筆賣單的，表示盤面賣壓大。

(6) 巨量開板後不再封盤，特別是尾盤巨量打開且不再封盤的，盤面氣勢最弱，次日有可能低開或下跌。

如圖 4-3 世名科技（300522）的分時圖所示，該股 2020 年 5 月 11 日小幅高開後，股價直線拉至漲停，巨單封盤後立即縮量，幾乎沒有賣盤，幾分鐘才出現零散的小賣單。顯示主力做多意願非常堅決，後市股價看好，這是短線較適合介入的類型。

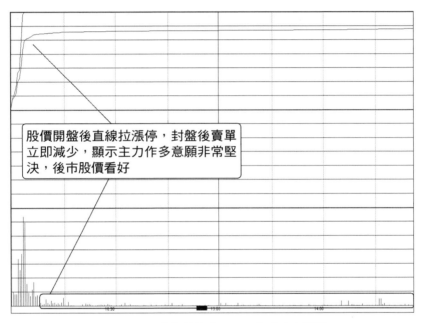

股價開盤後直線拉漲停，封盤後賣單立即減少，顯示主力作多意願非常堅決，後市股價看好

▲ 圖 4-3　世名科技（300522）分時走勢圖

如圖 4-4 申通地鐵（600834）的分時圖所示，2020 年 6 月 1 日，開盤後股價逐波上漲，並推升至漲停板，盤中開板尾盤回封。看似盤面非常穩健，感覺主力還要往上拉，從而吸引了不少散戶踴躍買入。但是，經由當日盤面分析，封盤後賣單很大，每次封盤都被賣單砸開，有大量的籌碼向外湧出，顯示出外強內弱，內存憂患，多空分歧嚴重，是潛在的見頂訊號，短線不宜追漲。第二天，低開 3.97% 後，不斷向下走弱，當天以跌停收盤，短期頭部形成。

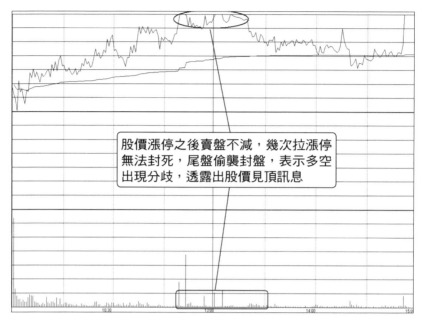

股價漲停之後賣盤不減，幾次拉漲停
無法封死，尾盤偷襲封盤，表示多空
出現分歧，透露出股價見頂訊息

▲ 圖 4-4 　申通地鐵（600834）分時走勢圖

每天 5 分鐘 Tips

巨量開板後不再封盤，特別是尾盤巨量打開且不再封盤的，盤面氣勢
最弱，次日有可能低開或下跌。

4-2-3 第 27 日戰記
從封盤時間分析：接近尾盤漲停，上漲氣勢最弱

　　漲停封盤時間的早晚，不僅能夠反映主力實力的大小，也能預測未來股
價上漲的氣勢，因此要區別以下幾個時間段：

　　⑴ 漲停早的比晚的好：最先漲停的比尾盤漲停的要好得多，在每天交
易中第一個漲停的最好，最好出現在 10:10 分以前。

　　⑵ 下午在 1:15 分以前封漲停也不錯：一般來說，通常上午出現漲停的
個股是主力「早有預謀」的；而下午出現漲停的，氣勢上稍微差一點，大多
是受大盤或板塊上漲帶動、利多消息刺激而「臨時起意」。「早有預謀」漲

停的個股，要比「臨時起意」漲停的個股，氣勢強得多。

(3) 臨近尾盤漲停的股票，上漲氣勢最弱，因為尾盤關注度在降低，拉升消耗的資本比較少，所以尾盤拉漲停的主力實力相對弱一些，是一種取巧動作，具有一定的欺騙性。

如圖 4-5 星徽精密（300464）的分時圖所示，2020 年 6 月 24 日，該股開盤後強勢拉升，不到半小時股價拉漲停，封盤後賣單立即停止，幾乎沒有大賣單出現，直至收盤封單不動。說明這是主力「早有預謀」的拉升計畫，並不擔心當天大盤漲跌帶來的影響。這類個股後市仍有上漲動力，投資人短線可以積極參與。

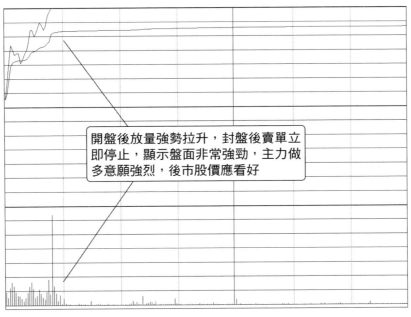

開盤後放量強勢拉升，封盤後賣單立即停止，顯示盤面非常強勁，主力做多意願強烈，後市股價應看好

▲ 圖 4-5　星徽精密（300464）分時走勢圖

如圖 4-6 省廣集團（002400）的分時圖所示，2020 年 7 月 7 日，該股開盤後處於震盪態勢，10:30 左右開始震盪走高，臨近收盤時放量拉至漲停。顯示出主力非常猶豫，對後市信心減弱。這種現象的次日一般不會有良好表現，甚至直接低開弱勢震盪，走勢使人不安，對後市期望也不要太高。

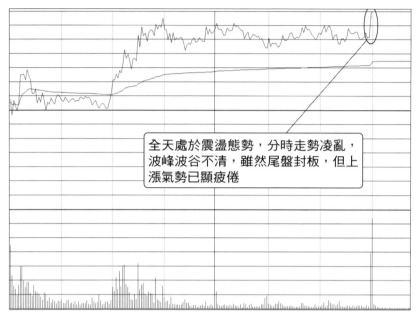

全天處於震盪態勢，分時走勢凌亂，波峰波谷不清，雖然尾盤封板，但上漲氣勢已顯疲倦

▲ 圖4-6　省廣集團（002400）分時走勢圖

每天5分鐘Tips

漲停早的比晚的好，最先漲停的比尾盤漲停的要好得多，在每天交易中第一個漲停的最好，最好出現在10:10分以前。

4-2-4　第28日戰記
從拉升波形分析：一字漲停，要格外注意主力因素

就股價漲停來說，在波形上可以觀察到上漲氣勢的強弱。

(1) **一字漲停**：股價一開盤就封於漲停價位，分時圖在漲停位置上呈一條筆直的直線，沒有波形可言，在氣勢上多方佔據絕對優勢，不給空方任何機會，這是氣勢最強的一種表現形式。這類個股除新股上市連續一字漲停外，通常有兩種市場因素：一是遇重大利多消息所致；二是主力做多意願強烈所致。

在實盤操作中，對於第一種因消息影響出現一字漲停的個股，投資人很

難把握，要麼無法買進，一旦買進往往又是高位，還是儘量不要參與。一般短線投資人，應格外注意第二種因素引起的一字漲停個股，這類個股的主力志在高遠，意氣蠻橫，在隨後出現的回檔過程中，可以介入短線操作。

(2) **一波漲停**：開盤之後或在盤中某一時段出現直接式上升，拉升不回檔，一波拉漲停。這種盤面氣勢僅次於一字漲停的個股，表示多方明顯佔優，空方棄守觀望，盤面氣勢磅礴，勢如破竹，後市升勢可期，是短線介入類型。

(3) **二波漲停**：在分時走勢圖中，股價分二波拉升，經過一波拉高後，開始回落洗盤蓄勢，然後大幅上拉直至漲停。

這種盤面在啟動點開始的上升，第一波通常漲到比較高的位置，一般在4%~6% 之間（如果第一波上升只漲到 2% 左右，那麼回檔之後再漲就要 8% 以上才能衝到漲停，操盤難度會比較大）。第一波的上漲幅度不太低，就是為了將來能夠經歷整理之後，第二波上漲到即封於漲停。這種漲停的氣勢，其強度又次於一波漲停的個股，但上漲氣勢也不可阻擋，實際漲幅也不見得小於一波漲停個股的幅度。

(4) **三波漲停**：在分時走勢圖中，股價分三波拉升，中間出現兩次回檔蓄勢走勢，然後大幅上拉直至漲停。這種走勢的盤面氣勢也是非常強勁的，但弱於前面三種形態。

(5) **多波漲停**：多波漲停也頗常見，分時圖在拉升的過程中，低點和高點逐級而上直到衝擊漲停。在漲停個股中這種盤面氣勢算是最弱的了，但主升段一旦形成，其上漲力道非常強勁，而且往往持續較長時間。

每天 5 分鐘 Tips

就股價漲停而言，由波形可以觀察上漲氣勢的強弱。而一字漲停，是分時圖在漲停位置上呈一條筆直的直線，為氣勢最強的一種漲停。

4-3

從時空結構分析氣勢

4-3-1 〔第 29 日戰記〕

從時間上分析：研究股價上漲是否持續有必要

拉升的時間持續

　　股價拉升是最激動人心的時刻，也是每一位散戶孜孜追求的目標。股票真正的上漲，一定要有持續的漲升，而不是一兩天的衝高動作，這也是從盤面上區分股價上漲的真假、虛實的參考依據，主力的做多意願也展現在持續的上漲之中。

　　在實盤中，有的股票能夠持續升勢，投資人有獲利機會；有的股票持續性不強，漲勢曇花一現，散戶跟買進後即遭套牢。因此，研究股價上漲時間是否具有持續性很有必要。拉升時間的持續應符合下列特徵：

　　⑴ 股價上漲必須是連貫性的，而不是一兩天的短期上衝。

　　⑵ 股價上漲速度很快，在 K 線圖上以長陽短陰、大漲小回、二陽一陰等方式，股價緊貼 5 日或 10 日均線快速上揚，角度大於 45 度。

　　⑶ 上漲要有一定的幅度，一個波段大於 20% 以上。在波段內，一般沒有跳空缺口，股價呈小波段逐波上行，漲跌有序，買賣點明確。

　　⑷ 股價上漲是因為有人在刻意「拉動」，是主力的故意行為，具有明確的拉升目的和意圖，如果僅僅是因為大家看好哄搶而上漲，則股價很快會歸於沉寂。

　　⑸ 上漲中沒有出貨動作，此種上漲是推升股價的一種方法，目的是為拉升股價，主力經由盤中製造人氣，吸引場外投資人介入，然後輕鬆推升股價。

如圖 4-7 藍英裝備（300293）的 K 線圖所示，該股回探到前期底部盤整區附近時，股價漸漸止穩回升，2020 年 5 月 15 日在底部出現漲停，5 月 20 日當股價回升到前高附近時，主力展開洗盤整理，洗盤整理結束後，股價進入強勢拉升階段。在整個上漲過程中，出現連續的拉升方式，將股價不斷推高，波峰浪谷清晰，盤面漲跌有序，此漲勢行情一般不會一兩天就結束，這是短線高手的最佳選擇類型。從圖中可以看出，盤面氣勢如虹，股價緊貼均線上行，上漲角度大於 45 度，一切「壓力」阻擋不了股價上漲的勢頭。

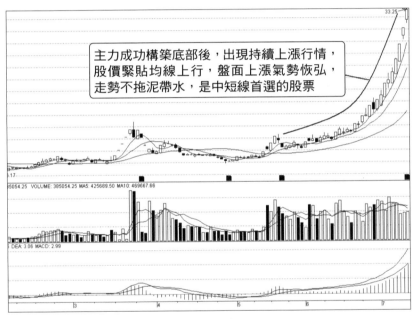

主力成功構築底部後，出現持續上漲行情，股價緊貼均線上行，盤面上漲氣勢恢弘，走勢不拖泥帶水，是中短線首選的股票

▲ 圖 4-7 藍英裝備（300293）日 K 線圖

拉升的時間長短

相對於建倉、整理、出貨階段來說，拉升的時間週期最短。拉升幅度的大小以及時間的長短，是展現主力實力與操盤風格所在。同時，拉高也是主力獲利的關鍵，在主力操作中具有決定性意義。一般短線行情在 1~2 週，中級行情約 1~3 個月，主力股在 6 個月以上，個別大牛股的拉升時間可能超過 1 年以上。

通常，底部盤整結束後將股價拉升到一個台階進行整理，只需 15 天左右，期間沒有震盪的可能 7 天左右。以震盪爬升方式上行的，上升週期約 1~2 個月。一個波段或台階的拉升時間在 15 天左右，但總的持續時間較長，需要 3~6 個月，甚至 1~2 年。為出貨而快速拉升的持續時間較短，中途沒有震盪或震盪幅度小的，需要 20 天左右；中途有震盪且幅度大的，需要 2 個月左右。拉升時間通常與拉升性質、拉升方式、整理方式以及上漲速度、角度和上漲空間等因素有關。

拉升時間與上漲角度的關係，兩者一般呈反比。上漲角度陡峭的，持續時間較短；上漲角度平坦（適中）的，持續時間較長。通常來說，30 度角上漲的持續時間最長，可維持幾個月，甚至一年以上；45 度角上漲的持續時間適中，一般在 1~3 個月；超過 60 度角上漲的持續時間最短，行情在幾天或幾週就結束。可見，角度平坦（但不低於 30 度角為宜）的上升速率維持時間較長，角度陡峭（特別是超過 60 度）的上升速率維持時間較短，因此股民遇見井噴式行情時，不可戀戰。

拉升時間與上漲速度的關係，兩者一般呈反比。上漲速度較快的，持續時間較短；上漲速度穩健的，持續時間較長。另外，上漲速度與上漲角度呈正比關係，也就是說上漲速度越快，則上漲角度就越大，持續時間也就越短，反之則相反。通常，井噴式行情的持續時間在 5~10 天左右，長的可能持續 30 天左右。

拉升時間與上漲空間的關係，兩者一般呈正比。上漲空間越大，持續時間越長；上漲越小，持續時間越短。通常，一般股票的拉升幅度在 50% 以上，時間在 5~10 天；漲幅較大超過 100% 甚至 200% 以上的，時間在 10~30 天；超級大牛市可能達到 4~5 倍以上，時間在 3 個月以上。通常，一支主力股的整體漲幅不小於 1 倍，股本較大的，在 80% 左右。基本面較差又無可以看好的理由的，在 60%~80% 之間。小型股、熱門股的漲幅預期較高，可能達到 2~3 倍，甚至 4~5 倍以上。

主力控盤手法不同，其拉升幅度也有別：快速拉升的幅度在 80%，甚至 2 倍以上；一個波段或台階的拉升幅度在 30% 左右，但總的幅度在 1 倍以上，推進式或複合式的拉升幅度，在股價的 1 倍左右。

股票拉升的空間，取決於個股炒作題材、市場人氣、股價定位、技術形態、股本大小、籌碼分佈、主力成本和主力獲利目標等，其中主力的意願是

決定性的。股價拉升幅度也可以參考股價的最低價，從底部最低價起算，可以按漲幅的 80%、100%、150% 或者 200% 以上，分別確定拉升可能到達的價位。

如圖 4-8 中船科技（600072）的 K 線圖所示，該股在拉升過程中呈現波浪式上漲，從圖中可以看出，第一波上漲速度最慢，28% 的漲幅用了 8 個交易日，日平均漲幅為 3.5%；第二波 38% 的漲幅用了 10 個交易日，日平均漲幅為 3.8%；第三波 25% 的漲幅用了 4 個交易日，日平均漲幅為 6.02%；第四波上漲速度最快，22% 的漲幅僅用了 3 個交易日，日平均漲幅為 7.1%。

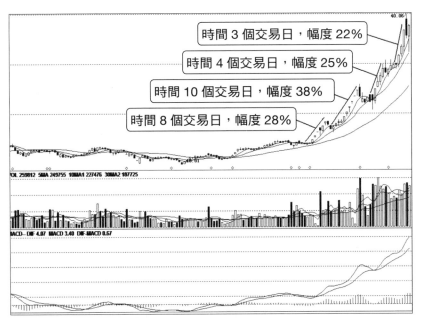

▲ 圖 4-8　中船科技（600072）日 K 線圖

從該股的走勢，可以體會到拉升時間與速度、角度以及上漲空間密切關係。對於短線投資人來說，時間就是金錢，瞭解這些因素對於掌握進出點很有幫助，這裡僅提供一種思路，在實盤中應多加體驗。

每天5分鐘 Tips

拉升時間與上漲速度的關係，兩者一般呈反比。上漲速度較快的，持續時間較短；上漲速度穩健的，持續時間較長。

4-3-2 第30日戰記
從速度上分析：短線主力拉升的關鍵是借勢

(1)拉升速度快，具有爆發性：個股在啟動初期經常出現連續軋空的走勢，同時隨著行情的展開，成交量連續放大。對這類主力而言，時間比資金更重要，而且閃電式的突擊本性已經根深蒂固，連續軋空就是這種操作行為的最好寫照。主力的拉升一般都是十分迅速的，因為畢竟適合於拉升的良機不多，主力必須及時把握時機快速拉高，才能充分達到事半功倍的效果。同時，快速拉升產生的暴利效應，能夠有效吸引投資人。

(2)短線主力的拉升，最關鍵的就是借勢：借大盤反彈之勢、借大盤上升之勢、借利多消息之勢、借形態突破之勢，借勢拉高往往是一鼓作氣的。短線主力的拉高手法比較簡單，以快、狠為主，有時快到讓想追入的投資人不得不一次又一次地撤單，將價位拉高。一般來說，短線主力的拉高多出現在尾盤，因為如果過早拉升，極有可能面臨賣壓賣出的風險。在尾盤拉升，往往可以將投資人殺個措手不及，想買的買不著，想賣的捨不得賣。特別兇狠的主力，甚至將股價用大單封至漲停，讓投資人只能望單興嘆。

(3)中、長線主力的拉升，由於控盤週期比較長，往往達到高度控盤，其目標利潤定得比較高，而且手中掌握的籌碼比較集中，其拉升時的盤面通常獨立於大勢而行，走勢不溫不火，碎步推升，一輪拉升段往往持續時間較長。但如果遇上合適的拉升時機，可以使主力事半功倍，不必花費大量的資金就達到目的，且拉升幅度更大。

(4)個股行情一旦啟動，其走勢相對獨立，上漲速度明顯快於大盤或板塊，且多發生在大盤比較樂觀時。此時大盤表現出明顯的多頭特徵，使股價的上升有很好的市場人氣作為基礎，可使個股走出明顯強於大盤的走勢。很少選擇大盤不明朗時進攻，但是如果發現個股在此時發動攻勢，則一般隱藏有相應的題材或可能是主力在拉高建倉，未來的空間極為巨大。

(4) 當主力企圖大幅拉抬股價的時候，將透過媒介或股評放出題材，散佈種種模糊利多，並聯繫大戶主力，同時製造大成交量和大手筆成交（也可製造異動，如一筆特高或特低的成交），以降低賣壓和吸引買氣，從而加速股價的上漲。

(6) 拉升階段中後期的典型特徵是，股價上漲幅度越來越大，角度越來越陡，速度越來越快，成交量越放越大。但漲幅大、角度陡、速度快、成交量大的股票，持續時間較短，投資人應隨時做好出場的準備。若成交量呈遞減狀態，那麼這類股票要麼在高位橫盤慢慢出貨，要麼利用除權使股價絕對值下降，再拉高或橫盤出貨。

(7) 對倒拉抬：一邊在上方堆積籌碼，一邊從下方不停往上拉升股價，促使股價快速上漲。對倒與對敲不同，對倒時可能大幅拉升股價；對敲可能不拉升股價。另外，對敲的性質重股價的成交量；對倒的性質在重成交量的同時，也重股價的漲勢。

如圖 4-9 光大證券（601788）的 K 線圖所示，2020 年 6 月 19 日，該股脫離盤整區域後，一鼓作氣快速上漲，中間不停頓，走出持續的上漲行情。

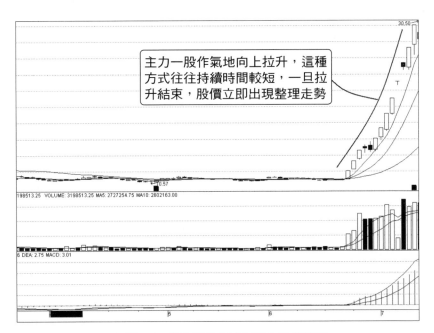

▲ 圖 4-9　光大證券（601788）日 K 線圖

具有漲幅大、角度陡、速度快、成交量大的特點，但持續時間往往較短，停止拉升就是行情結束的標誌，短期將進入整理階段，此時散戶應儘快出場。可以想像得到，如果主力不是憋著一口氣地拉升，一旦中途出現整理，那麼操作風格就不會是這樣。很多時候，在拉升過程中一旦停頓，可能影響士氣，甚至造成滿盤皆輸。

每天5分鐘 Tips

拉升階段中後期的典型特徵是，股價上漲幅度越來越大，角度越來越陡，速度越來越快，成交量越放越大。

4-3-3 第31日戰記
從角度上分析：沿45度上升，最強勁也最理想

在股價運行中，大部分時間是在低價區進行漲升前的整理震盪，只有小部分時間用來拉升股價。因此，過早進入正在震盪中的個股，是不經濟的；同樣地，過晚進入一個已經拉升的個股，也是不經濟的。於是，投資人必須著重尋找那些在底部剛剛萌動的股票。在實盤中，大多出現以下幾種盤面現象：

⑴ 沿30度角上升：這種走勢依托均線系統上行，不受大盤升跌影響，同時又受到均線系統的制約，一旦距離均線較遠時，會有集中賣盤出現，因此就形成了30度角上升形式。此盤面現象看起來主力力量脆弱、控盤程度較低，但到中後期均有快速拉升的動作。其實，這是長線實力主力的一大策略，在一年半載後，當你站在高位俯視現在的股價時，大有「一覽眾山小」之感悟。

但如果低於30度的走勢，又落後於大盤的漲幅，表明盤勢過弱，多空雙方的鬥爭與大勢的上升不能統一，應格外注意。其原因可能是：① 繼續吸籌；② 資金不足；③ 利空隱患；④ 無主力入駐等。

⑵ 沿45度角上升：這種走勢最強勁、最理想。仔細觀察發現，不少大幅攀升的個股，前期都在平緩的上升通道中運行一段時間，股價陰陽相間、交錯上行，角度多為45度，成交量錯落有致。

　　這種形態通常是主力控籌所為，由於主力大規模介入，必然使股價重心逐漸上移，慢慢形成一條上升通道，且初漲期升勢一般很緩慢，既可以降低持籌成本，又不至於過早招人耳目。這類個股上升通道維持的時間越長，主力準備工作越充分，日後的爆發力越大。

　　(3) 沿 60 度角上升：這種走勢往往預示股價背後隱藏著重大題材，加之主力實力強大，控盤手法兇悍怪異，令股價漲勢如虹。這表明主力在底部長期潛伏吃貨後，達到了高度控盤，加上拉升之初大勢、板塊、人氣等諸多因素的共同作用，產生了閃電式拉升。這種走勢主力短期消耗能量過大，需要換手整理後，再度上攻。

　　需要注意的是，如果升勢超過 60 度以上，主力短期用力過猛，必然產生強力回檔，建議逢高減倉，波段操作。

每天 5 分鐘 Tips

過早進入正在震盪中的個股，與過晚進入一個已經拉升的個股，都是不經濟的，投資人必須著重尋找在底部剛剛萌動的個股。

4-4

從 K 線組合分析氣勢

　　股價在進入主升段階段後，從 K 線組合上由強到弱，可以分為三種形態：一是連續跳空式漲停；二是持續大陽式漲停；三是陰陽組合式漲停。下面就這幾種類型主升段進行分析。

4-4-1 第 32 日戰記
連續跳空式漲停：連續一字漲停氣勢最強

　　此種拉升形態大多以漲停的形式為主，一般出現連續 5 個以上的漲停走勢，從而形成暴漲式主升段行情。其中，又可以細分為三種類型：一是連續一字或 T 字漲停；二是先出現 2~3 個一字或 T 字漲停後，再拉出 3 個以上的大陽線漲停；三是連續 5 或 6 個以上大陽線漲停式。無論是那一種類型，中間均出現連續的向上跳空缺口，且當天沒有回補缺口。

連續一字漲停

　　這種盤面形式是指連續在 5 個以上的交易日裡，股價從漲停價位開盤，且全天封盤不動，所有的成交均是在漲停價位上，從而形成連續的一字漲停 K 線形態，有時候在盤中瞬間打開後又快速封盤，形成 T 字漲停。毫無疑問，這種漲停是所有主升段中上漲氣勢最強烈的一種形態。在實盤中，這種盤面從一字漲停開始，到一字漲停開板結束。

　　那麼，這種盤面是怎麼形成的呢？從表面上看，是由巨量買盤追高造成的，在漲停價上排隊的巨大買盤，將賣盤全部吃光。由於漲停價上的買盤巨大，在前 3~4 個漲停時，賣盤稀少，從而導致在漲停價上成交稀少，形成無

量空漲現象。但實質上這種主升段的真正原因：一是由個股突發性的特大利多造成，二是資金推動的強勢主力蠻橫行為。通常形成特大利多的，有重大資產重組和重大資產注入兩類，但不管是哪種利多，必須是屬於股市當下最熱門概念的資產，或者是能夠給上市公司帶來巨大現實利潤的資產。

如圖 4-10 海特生物（300683）的 K 線圖所示，2020 年開始，一場突如其來的 Covid-19 在世界爆發，受此突發性重大疫情事件影響，抗流感概念個股紛紛走強，海特生物從 2020 年 2 月 28 日開始，股價出現一字板上漲，連拉 10 個漲停，股價從 32.39 元漲到了 84.28 元，多頭氣勢強盛，盤面攻勢凌厲，拉升勢頭猛烈。當股價打開一字板時，意味著一輪拉升行情告一段落，此時應及時逢高離場。

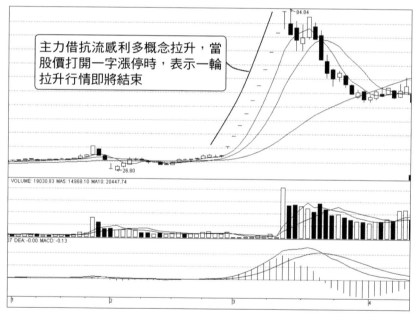

主力借抗流感利多概念拉升，當股價打開一字漲停時，表示一輪拉升行情即將結束

▲ 圖 4-10 海特生物（300683）日 K 線圖

一字＋大陽線漲停

這種形態是股價先拉出 2~3 個一字漲停後，再拉出 3 個以上的大陽線漲停，形成一字＋大陽線漲停方式，中間可以含有 T 字漲停。其特點是：股價先啟動 2~3 個一字漲停，在其後的幾個交易日，股價沒有繼續保持一字漲

停上漲，但還是能夠在高開後以漲停價收盤（後面的漲停不一定要求連續出現，中間可以夾雜小陰小陽 K 線），這種拉升方式也可以走出總計 5 個以上的漲停。

這種形式的主升段是一字漲停的變體，兩者有異同之處。相同之處有兩點：一是成因相同，兩者大多因突發性利多而啟動的一輪主升段；二是兩者在前面的 2~3 個一字漲停，其走勢完全相同。

不同之處也有兩點：一是主升段的後期形態不同，一字漲停能夠連續走出 5 個以上的漲停，而該形式的主升段一般只能走出 2~3 個一字漲停，其後只能走出高開漲停。二是放量情況不同，一字漲停放一次量，一般是在最後一個一字漲停打開時放出巨量，甚至是天量，同時股價也見到短期的最高點，呈現較為標準的「天量天價」形態。但該形態的主升段一般有兩次放量，第一次放量通常是一字漲停開板震盪的那一天，第二次放量是在主升段最高點的那一天。

如圖 4-11 四環生物（000518）的 K 線圖所示，該股經過一段時間的蓄勢整理後，2020 年 1 月 20 日借抗流感概念利多，出現一字板上漲。股價成功向上突破，連拉 2 個一字板後，出現 1 個 T 字板，從第 4 天開始股價以大陽線和 T 字線的方式拉升，整個走勢符合一字漲停加大陽線式漲停形態，盤面氣勢非常強盛。

從圖中可以看出，該股從第 4 個漲停開始，上漲模式發生了變化，由一字漲停改變為高開漲停式上漲。主要是因為股價短期漲幅過大，上漲速度過快，需要洗盤換手，這也意味著隨後的行情中出現一定的震盪走勢。

這種盤面在技術方面，應注意以下四個要點：

(1) 縮量回檔，表示股價打開一字漲停時，釋放了大量的短線浮動籌碼，然後盤面很快被主力掌控，表明主力籌碼沒有大規模出逃。

(2) 在 5 日或 10 日均線附近止穩，表示盤面強勢依舊，股價仍有上攻動力，一旦擊穿 5 日或 10 日均線支撐而不能很快恢復，那麼多頭士氣必將遭到重挫，上漲勢頭大打折扣。

(3) 再次溫和放量上漲，表示有新的資金介入，盤面出現正常的上漲走勢，如果出現快速的放量上漲，小心階段性頭部形成。

(4) 在放量滯漲時退出，這裡包含兩層意思，即放量和滯漲。一般而言，放量但不滯漲，可以繼續持有；滯漲但不放量，也可以謹慎持有。當兩

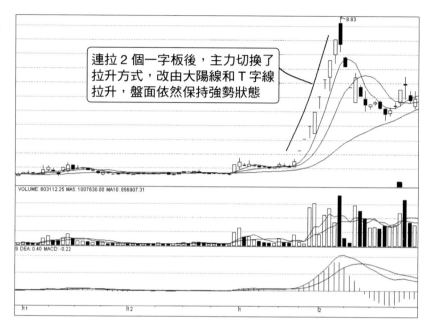

連拉 2 個一字板後，主力切換了拉升方式，改由大陽線和 T 字線拉升，盤面依然保持強勢狀態

▲ 圖 4-11 四環生物（000518）日 K 線圖

者同時出現時，見頂的機率就大增，當然這只是一般規律，具體情況還要視個股而定。

連續跳空式漲停的條件

連續跳空式漲停，是所有主升段中上漲氣勢最強烈的一種走勢，相信很多投資人對於這種漲停方式非常感興趣。在探討操作方法之前，應先了解它形成的必要條件。一般而言，連續跳空式漲停的形成，需要滿足以下四個條件：

(1) **要有重大利多**：這是連續跳空式漲停形成的內因，利多越大，股價上漲空間越大。

(2) **絕對價位要低**：股價越低，前期整理越充分，後市股價上漲的潛在空間就越大。

(3) **比價效應要大**：比價效應（或稱為股價差值）是指個股股價要遠遠低於同板塊裡其他股票的平均股價，為了達到或接近同板塊其他股票的平均股價，個股股價就有較大的上漲空間。公式為：股價差值=同板塊其他股票

平均股價－該股股價。股價差值越大，表示比價效應越大，股價的潛在漲幅越大。

(4) **前期漲幅不應太大**：一般來說，在主升段啟動前的股價漲幅越小或者處於盤整的股票，在其利多公告後，形成多個連續跳空式漲停的機率越高；反之，則越低。

投資人掌握了這四個必要條件後，那麼就可以大致估計利多公佈後，能走出多少個連續跳空式漲停，這對於主升段的預測與操作有著較好的指導作用。其實，預測與操作是密不可分的，是理論與實踐的統一。當預測的股價還會上漲時，就可以繼續買入或持股，甚至會在漲停價上排隊買入；相反地，當預測的股價還會下跌時，那麼就要及時賣出，甚至在跌停價排隊賣出。由於連續跳空式漲停氣勢洶湧，股價往往呈現暴漲暴跌的走勢，預測顯得更為關鍵。若預測準確而買入，很可能會獲得短期暴利；若預測錯誤而買入，則立即會被套牢，甚至會被深套。

從整體來看，以上所述的四個條件只是戰術層面。從更高的戰略層面來看，連續跳空式漲停的形成，其實就是由兩個因素決定：一是估值，二是比價效應。其實，不只是連續跳空式漲停，其他任何類型的漲停或股價波動，本質上都是由這兩個因素所決定的。

每天5分鐘 Tips

連續跳空漲式漲停，一般會出現連續5個以上的漲停走勢，從而形成暴漲式主升段行情。

4-4-2 第33日戰記
連續大陽式漲停：以大陽線漲停為主，有三種盤面類型

這種盤面形態大多以大陽線漲停為主，中間夾帶一些小陰小陽或十字星K線，其上漲力道比前述的連續跳空式漲停要弱得多，但上漲勢頭仍不可低估，因此也是主升段捕捉的重點。形成這種主升段一般有五個因素：一是股價超跌反彈；二是有突發性利多；三是比價效應明顯；四是技術面突破（各種技術意義上的突破）；五是主力資金推動行為。

　　無論是什麼原因引發的主升段，其盤面形式通常有三種類型：一是連續大陽線攻擊形態；二是中間夾帶小陰小陽或十字星形態；三是中間出現短暫停頓的整理形態。

　　如圖 4-12 第一創業（002797）的 K 線圖所示，該股主力成功完成建倉計畫後，在 2020 年 7 月 2 日放量拉起，此後股價以大陽線拉升為主，連拉 5 個漲停，形成逼空行情。這種走勢既有技術層面因素，又有主力層面因素。技術方面就是股價構築了扎實的底部，一旦突破容易出現強勢上漲；主力方面就是在底部吸納了大量的低價籌碼，需要快速拉高獲利，顯示出主力實力強大，做盤手法蠻橫，同時也反映出主力急躁的一面。這類個股的買入點就是股價突破近期高點之時，一旦買入失誤，可在股價有效跌破 30 日均線時停損。

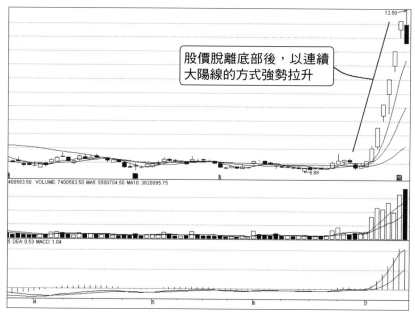

　　股價脫離底部後，以連續大陽線的方式強勢拉升

▲ 圖 4-12　第一創業（002797）日 K 線圖

　　在這種拉升行情中，大陽線漲停之間夾帶一些較小的 K 線，這些小 K 線並不影響股價的上漲勢頭，反而有利於股價的加速上漲，因為經由小 K 線的震盪洗盤後，更加有利於後市穩健上漲。

　　如圖 4-13 華玉礦業（601020）的 K 線圖所示，該股在 2020 年 7 月 2 日拔地而起，股價脫離底部盤整區，展開拉升行情。在拉升過程中，以大陽線漲停為主，中間夾帶一些小 K 線，盤面上漲堅挺有力，拉升氣勢十足。主力經由這些小 K 線，讓短線獲利籌碼選擇離場，更有利於拉升。

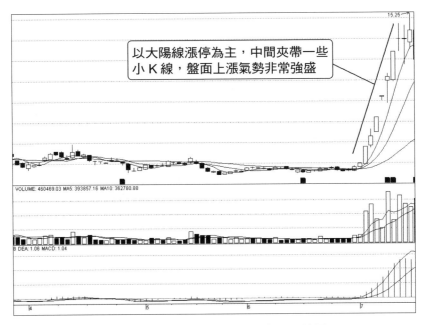

以大陽線漲停為主，中間夾帶一些小 K 線，盤面上漲氣勢非常強盛

▲ 圖 4-13　華玉礦業（601020）日 K 線圖

每天 5 分鐘 Tips

連續大陽式漲停的盤面形態大多以大陽線漲停為主，中間夾帶一些小陰小陽或十字星 K 線，也是主升段捕捉的重點。

4-4-3 ▌第 34 日戰記 ▌
陰陽組合式漲停：持續時間較長、漲幅較大

陰陽組合式漲停是指在主升段形態中，會出現一些小幅整理走勢，股價有時會跌破 10 日均線，但不會構成有效突破，很快返回到 10 日均線之上，在實盤中以大陽小陰為主的 K 線組合形態。因此，就其攻擊力和盤面氣勢而言，連續跳空式漲停最強，連續大陽式漲停次之，而大陽小陰組合式漲停最弱。

雖然這種盤面看起來屬於最弱的一種，但其上漲力道依然勢不可擋，累計漲幅也不低，有時甚至超過前面兩種的漲幅。這種走勢屬於慢牛性質的主升段，盤中浮動籌碼比較少，所以持續時間往往比較長，累計漲幅也比較大，是該種形態的一大特點。

主升段可以分為兩類：一是短期暴漲式主升段；二是中期慢牛式主升段。那麼，股價到底回落多少以及回落多少天，才可算是「整理」呢？

就短期暴漲式主升段而言，股價是否進入「整理」，可以用 5 日均線和 10 日均線是否構成死亡交叉作為界定標準。若股價在上漲後，出現回落或者橫盤，只要 5 日均線和 10 日均線沒有出現高位死亡交叉，其後繼續上漲，那麼之前的回落或橫盤，就不算是「整理」，只能算是上漲的一個短暫的中繼形態，可認定該輪主升段在繼續，直至出現 5 日均線和 10 日均線高位死亡交叉為止；但若股價在上漲後，出現回落或橫盤，5 日均線和 10 日均線出現高位死亡交叉，那麼之前的回落或橫盤就是屬於「整理」，該輪主升段宣告結束。

就中期慢牛式主升段而言，若股價自最高點回落不超過 20%，且股價自最高點回落後的 20 個交易日內又創出新高，則可以認為該輪主升段還沒有進入「整理」；若股價自最高點回落已經超過 20%，或者雖然股價自最高點回落沒有超過 20%，但股價在自最高點回落後的 20 個交易日內不能夠創出新高，則可以認為該輪主升段已經進入「整理」。

如圖 4-14 美景能源（000723）的 K 線圖所示，該股底部止穩後漸漸向上走高，股價成功脫離底部盤整區域，在 2019 年初產生一波主升段行情。在主升段發展過程中，盤面以大陽小陰為主的 K 線組合形態，在中途出現回檔走勢時，股價考驗 10 日均線的支撐力道，然後再次向上拉高漲停，說

明儘管短線出現回檔走勢，但不改股價上漲勢頭，仍然運行在主升段之中。所以，遇到這種強勢走勢時，只要5日和10日均線保持完好，就可以堅定地持股做多，不必為中途的小整理所困擾而作出錯誤的判斷。

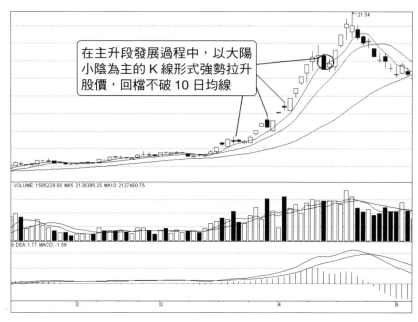

在主升段發展過程中，以大陽小陰為主的K線形式強勢拉升股價，回檔不破10日均線

VOLUME: 1595229.00 MA5: 2138385.25 MA10: 2127460.75

8 DEA: 1.77 MACD: -1.58

▲ 圖4-14　美景能源（000723）日K線圖

　　如圖4-15星期六（002291）的K線圖所示，該股經過一段時間的洗盤整理後，在2019年12月13日出現放量漲停，股價向上脫離底部盤整區，次日突破前高壓力，從而出現一波拉升行情。在拉升過程中，以大陽線漲停為主，中間夾帶一些小陰小陽K線，構成陰陽組合式拉升形態，使浮動籌碼及時離場，然後股價繼續強勁上行，主力運作手法穩健，盤面走勢堅挺有力。

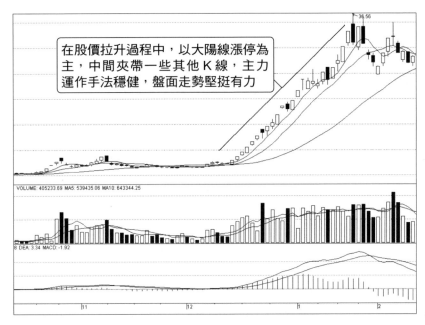

> 在股價拉升過程中，以大陽線漲停為
> 主，中間夾帶一些其他 K 線，主力
> 運作手法穩健，盤面走勢堅挺有力

▲ 圖 4-15　星期六（002291）日 K 線圖

 每天 5 分鐘 Tips

陰陽組合式漲停屬於慢牛性質的主升段，盤中浮動籌碼比較少，持續
時間往往比較長，累計漲幅也比較大。

4-5

$ 從價位高低分析氣勢

4-5-1 第35日戰記
低位漲停：多頭開始反攻，會有一輪新行情

　　當個股經歷漫漫熊途下跌至低位，或是長期持續橫盤整理後，一旦在低位出現了量價配合理想的漲停，那就值得投資人密切注意了。因為這往往是空頭能量釋放完畢，多頭開始反攻的標誌，意味著新一輪行情即將到來。

　　當然，低位漲停也有不同的市場含義和性質，主要有這幾種類型：一是建倉、試盤漲停；二是超跌反彈漲停；三是主力自救漲停；四是利多刺激漲停。不同類型的低位漲停，盤面表現形式和拉升氣勢也有明顯的不同，投資人應嚴加區別。

　　如圖4-16青龍管業（002457）的Ｋ線圖所示，該股在低位經過一段時間的盤整後，構築了扎實的底部根基，股價漸漸止穩回升，當股價觸及盤整區高點時，未能有效向上突破而出現整理。2020年7月3日，股價拔地而起，放量漲停，向上突破盤整區，從此出現一輪拉升行情。由分析盤面可知，股價位置低，突破力道強，有一股向上噴薄欲出的氣勢，投資人應積極關注。

　　從本質上說，Ｋ線形態能夠反映一切。當個股底部出現第一個漲停時，極可能隱含著基本面的重要變化，或透露出主力的控盤意圖。個股經歷長期下跌並開始震盪築底時，拉出一個漲停對主力快速聚集市場人氣，也有著不可低估的作用。當市場做多力量迅速趨向一致時，對盤中主力來說，就意味著拉升時減少壓力，對一般投資人來說，就是巨大的獲利機會。

　　當然，在觀察低位漲停的同時，更要注意個股的成交量變化。實盤中具有較高參與價值的個股，在底部第一個漲停時成交量並不會很大，分時走勢

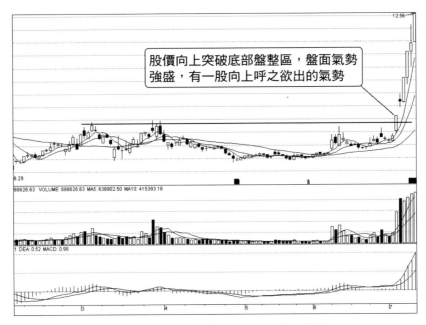

股價向上突破底部盤整區，盤面氣勢強盛，有一股向上呼之欲出的氣勢

▲ 圖 4-16　青龍管業（002457）日 K 線圖

上呈現明顯的漲停前放量，具有漲停後迅速縮量且封漲停時間較早的特點，這類個股通常可以迅速參與追漲，獲利機率很大。

　　如圖 4-17 彤程新材（603650）的 K 線圖所示，主力在長時間的築底過程中，吸納了大量的低價籌碼後，股價開始向上攀升，均線系統多頭發散。2020 年 6 月 2 日放量漲停，股價成功突破前期高點壓力，成交量大幅放大，場外資金大舉進場，盤面氣勢磅薄，從此股價進入牛市上漲格局。

　　低位漲停其實是一個非常典型的啟動訊號，如果處於大盤上漲過程中，其成功率非常高，但如果處於大盤非常惡劣的下跌狀態時，追漲停時將面臨更為嚴格的要求。所以實盤中應注意以下技術要點：

　　(1) 儘量迴避大型股（股本越小，主力越容易控盤）。

　　(2) 超跌低價股，越低越好（股價越低，主力所耗資金越少，市場越容易跟風），最好前期跌幅超過 50%。

　　(3) 當天最好高開 2% 以上，開盤後不回檔或者回檔不破開盤價（如平開則開盤後應上拉不破前一天收盤價）。

　　(4) 最近幾天的下跌量能無明顯放大，越縮量越好。

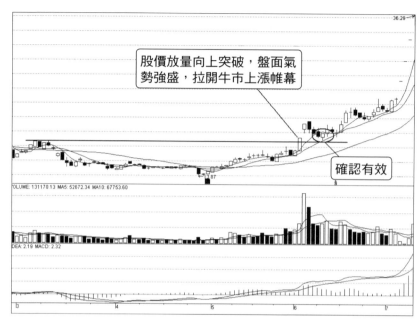

▲ 圖 4-17　彤程新材（603650）日 K 線圖

⑸ 個股具有突發性題材，或者相關板塊具有題材。

⑹ 該漲停屬於連續下跌後底部第一次漲停，封盤時間越早越好，最好在 10:30 以前封死漲停，封盤後立即縮量。

⑺ 個股股價在上升的底部或腰部，在其第一次漲停後，主力為了清洗獲利盤就會震倉，時間一般在 5 個交易日左右。震倉的幅度大多會在 5 日均線附近，即使跌破也會被迅速拉起。震倉後，又會展開新一輪上升波，因此可以在 5 日均線附近追擊，一般不出 3 天就會有獲利。

⑻ 漲停後的第二、三天均為高開低走的小陰線（必須縮量），在第二天收盤前半小時往往出現打壓動作，均以最低價收盤，且第三天的收盤價在 5 日均線附近，此時可以追擊買入。

敢於逆勢漲停的股票是最強悍的股票，敢於逆勢漲停的資金是最兇猛的資金。因此，一旦出現符合上述情況的個股，可以在股價即將漲停時，以漲停價買入。

每天 5 分鐘 Tips

低位漲停是非常典型的啟動訊號，如果處於大盤上漲過程中，其成功率非常高。實盤中要儘量迴避大型股，股本越少越好。

4-5-2 第 36 日戰記
中繼漲停：需提防誘多性中繼漲停

中繼漲停是指對原上漲趨勢的繼續或加速運行，這種漲停不改變股價原來的運行態勢，只改變其角度和方式。很多主力股經過小幅上漲後，會形成平台整理形態，其後的走勢會有幾種情況：一是數日橫盤後股價下跌，這種情況很普遍。二是平台打破後，打造新的平台，繼續橫盤震盪。三是數日橫盤後股價開始上漲，這幾日橫盤就構成一個中繼形態。

對於第一、二種情況，都不是一個好的參與條件，同時這兩種情況會佔到大多數比例。而第三種情況，分析其後的參與的價值。對於橫盤數日後小幅上行的形態，力道不足隨時可能轉跌，這種情況不需關注，我們只要關注橫盤數日後拉出漲停突破的個股，其後拉出漲停的就是「中繼漲停」。

在實盤中，主力用中繼漲停來誘多的情況非常多，那麼到底是誘多性中繼漲停，還是成為超級強勢主力股而繼續大幅上漲？這就需要分析漲停之後次日的走勢。

(1) 次日有缺口、大幅收高，具有最強勢特徵，後市向上空間很大。

(2) 次日高開回補缺口並大幅收高，或者小幅低開、平開後迅速上攻並大幅收高，具有次強勢特徵，後市上漲或者形成新的上漲中繼。

(3) 次日小幅低開、平開，收盤在 –2%～+2% 之間，後市形成新的中繼或者整理。

(4) 次日大幅低開收低，或者小幅低開、平開，當天收跌 –2% 以上，後市下跌可能很大。

需要注意的是，很多個股在高位橫盤後，會出現下跌走勢，因此不要盲目地認為橫盤的就會形成上漲中繼，從而錯誤地在橫盤時介入。只有「中繼漲停」出現後的股票，才是值得關注的強勢股，其後依照上述(1)、(2)種情況進行參與，而 (3)、(4)種為有風險情況，不值得參與。

對於一個超級強勢主力股來說，在一定程度上漲後，不斷構築新的漲停中繼，是清除浮籌的一個常用方法。不過超級強勢主力股畢竟只是少數，並且隨著股價的大幅上漲，走勢也會逐漸走弱，因此操作這種股票的時候，要時刻注意走勢的演化。

如圖 4-18 振德醫療（603301）的 K 線圖所示，2020 年 6 月 1 日，股價向上突破走強，連拉 3 個漲停後，衝高回落進行橫盤整理。6 月 11 日，股價放量漲停，上漲中繼形成確立，次日強勢運行，雖然以上漲為主但仍有中繼整理的可能。6 月 29 日，出現同樣性質的走勢，此後股價出現加速上漲行情。

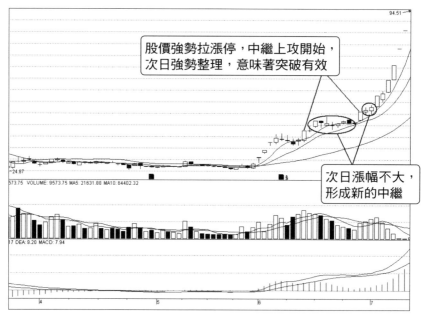

▲ 圖 4-18　振德醫療（603301）日 K 線圖

如圖 4-19 戴維醫療（300314）的 K 線圖所示，該股在 2020 年 6 月 24 日突破底部盤整區後，在高位出現強勢整理，7 月 6 日收出中繼漲停，次日跳空高開強勢震盪，後市應以上漲思路對待。

如圖 4-20 實達集團（600734）的 K 線圖所示，該股在上漲過程中，兩次收出中繼漲停後，次日繼續跳空漲停，盤面氣勢非常強勢，表示後市股價

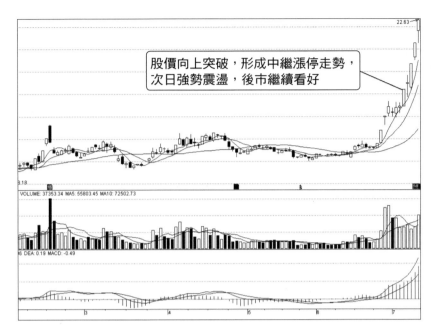

股價向上突破，形成中繼漲停走勢，次日強勢震盪，後市繼續看好

▲ 圖 4-19　戴維醫療（300314）日 K 線圖

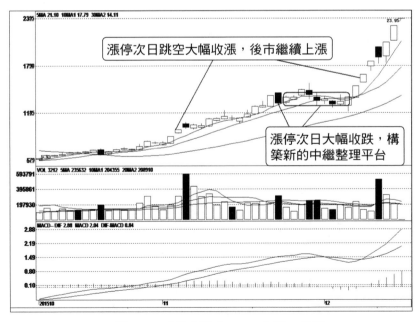

漲停次日跳空大幅收漲，後市繼續上漲

漲停次日大幅收跌，構築新的中繼整理平台

▲ 圖 4-20　實達集團（600734）日 K 線圖

上漲空間較大。中間出現的漲停後，次日卻高開低走，顯示出上方有一定的壓力，市場跟風氣氛不濃，所以再次出現中繼整理走勢，整理之後主力才發動新的上攻行情。

根據上述幾個實例分析，中繼漲停具有以下技術特點：

(1)運行在主升段中，出現連續漲停，在漲停之後不作任何整理。

(2)稍作洗盤或整理後的漲停，這種漲停出現在前期已經拉出漲停之後，它是主力稍微清洗浮籌（洗盤時間3~5天），然後拉出的放量漲停。該漲停最好要穿越5日均線，之後的續升過程中，可以沿著5日均線上漲。

(3)強勢整理後的漲停，出現在前期強勢整理，或漲停之後又進行了幾個交易日的整理，爾後又拉出的漲停。

(4)漲停後2~3天出現中小陽線，這幾個中小陽線呈現成交量從大到小的過程，然後繼續拉出漲停。

(5)當出現5%以上的中陽線時，同時回測5日均線，且收盤時站上昨日最高價，盤中衝高7%以上且收盤價站上前一日的上影線時，特別是縮量的，將繼續漲停。

(6)T+1日很關鍵，T+1日必須收陽。在操作時，漲停後最好是觀望一天，當天要收陽線才行。

中繼漲停常常伴隨著主力資金的拉升，是股價主升段的產物，對投資人而言具有中線和短線的價值。

每天5分鐘 Tips

主力用中繼漲停來誘多的情況很多，到底是誘多性中繼漲停，還是會繼續大幅上漲，需要分析漲停之後次日的走勢。

4-5-3 第37日戰記
高位漲勢：關鍵為第二天走勢

在大幅上漲後的高位，主力為了市場的注意力，股價常會拉出漲停，而且盤面氣勢往往非常強勁。因為主力深知散戶喜歡追漲殺跌，以此來吸引大量的市場跟風盤，而此價位卻是主力的出貨區，也是最危險的區域。那麼，

高位漲停個股是不是都不能追呢？倒也不是，有的高位漲停是可以介入的，但必須短線為主，快進快出、見好就收。

高位漲停關鍵的是第二天走勢，主要參考以下幾個判斷條件：

(1) 中長線分析價位不高，前期沒有連續大漲，而短線處於高位，也就是說漲停當天基本上處於最高價。

(2) 在漲停之前出現縮量整理現象，漲停當天也沒有出現巨幅放量。

(3) 判斷後市上漲還是下跌的重要標準，要觀察漲停後的第二天走勢：如果漲停次日股價高開高走，或者平開、略低開後迅速大幅拉高，以漲停收盤或者大漲收盤，則後市非常看好，股價上漲空間再次打開；如果次日股價未能走強，但也沒有出現大幅下跌，基本上維持在漲停大陽線的 2/3 以上位置強勢震盪，表示盤面氣勢依然強勢，後市仍可看高；如果股價大幅低開，並且不能迅速拉起，當天以較大跌幅收盤，則後市股價下跌的可能性較大。

(4) 漲停後次日的走勢，往往說明了主力前期是在洗盤還是在出貨。如果是高位洗盤，那麼後市上漲空間很大，成為大牛股的可能性非常大，否則為誘多漲停，應果斷離場。

(5) 成交量相比漲停當天，次日縮量或平量上漲為佳，其後往往量縮多久，股價就再漲多久，直到放量見頂。

如圖 4-21 華大基因（300676）的 K 線圖所示，該股從底部起來後，漲幅已經達到 100%，可以認為股價漲幅已經較大，選擇高位離場是穩健的做法。但是股價經過一段時間的震盪整理後，2020 年 5 月 25 日和 26 日在高位連拉 2 個漲停，股價創出了上漲新高。那麼，這樣的漲停是否可以追進呢？

從盤面可以看出，在漲停之前成交量出現一段時間縮量整理，表示籌碼比較穩定，在股價上行時成交量明顯放大，但沒有出現異常巨大的天量，說明這個量是健康的量能。此時，30 日均線保持強勢上行，支撐股價進一步走高。盤面上漲氣勢強勁，屬於高位突破性漲停，也反映主力仍有做多意願。而且，2 個漲停後股價沒有下跌，而是維持強勢整理，6 月 11 日再次上攻時應當積極參與。

如圖 4-22 碩世生物（688399）的 K 線圖所示，該股前期處於盤升行情之中，並沒有出現像樣的拉升行情，但累積漲幅已經超過 100%，股價已處於高價區域。可是，2020 年 6 月 15 日在高位再次向上突破，收出光頭光腳的大陽線。那麼，這樣的大陽線是否是主力在誘多出貨呢？

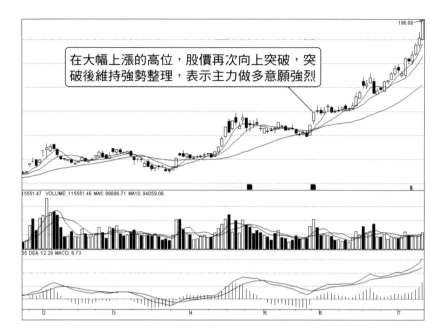

▲ 圖 4-21　華大基因（300676）日 K 線圖

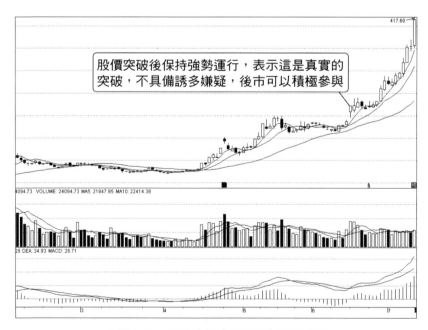

▲ 圖 4-22　碩世生物（688399）日 K 線圖

　　從盤面可以看出，該形態屬於高位突破性質，只要在高位能夠維持強勢，不出現大幅回落，仍然可以繼續做多。主要理由是：一是量價配合默契，未見異常放量；二是前期成交量出現縮量整理，主力籌碼控制得比較好；三是均線系統完好，30日均線保持強勢上行；四是突破後股價堅挺地維持在高位強勢運行，屬於突破後的確認走勢，不具備誘多嫌疑。之後，股價在6月29日再次上行，此時可以大膽進場。

　　如圖 4-23 東方通信（600776）的 K 線圖所示，該股主力操盤思路非常清晰，在完成第一輪漲幅超過 200% 的拉升後，股價出現大幅回落，套住一批追高買入的散戶。

　　2019 年 2 月 11 日，展開新一波拉高行情，連拉 4 個漲停，股價突破前期高點，把所有的套牢盤解放出去。第 5 天，分時盤面非常詭異，股價在漲停價反覆震盪，主力就是不封盤。那麼主力到底想幹什麼？很明確，就是讓前面的套牢走掉。

　　2 月 18 日，股價再次強勢漲停，那麼這個漲停有什麼意義？就是一個高位中繼漲停形態，後市股價繼續上漲。假如行情就此結束，那麼主力解放

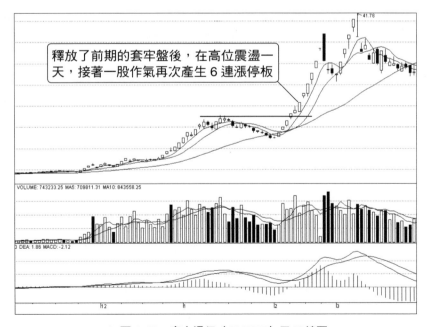

釋放了前期的套牢盤後，在高位震盪一天，接著一股作氣再次產生 6 連漲停板

▲ 圖 4-23　東方通信（600776）日 K 線圖

短線、當沖の K 線日記全圖解！
10大戰法，讓我靠「抓漲停」資產多五倍！

了前面的所有套牢盤就有矛盾了，這在邏輯上不成立，所以上漲的理由非常明確。

　　一般來講，能夠有效突破前期歷史高點，解放所有的套牢資金，那麼它很可能成為一匹勁爆大漲的黑馬。根據籌碼理論分析，其道理很簡單，既然主力能夠解放所有的套牢資金，那麼必然增加自身做盤成本，其獲利目標位起碼是前期歷史壓力點的 50% 以上。該股此後出現 6 連漲停板，經洗盤後又產生 4 連漲停板，然後主力慢慢出貨。

> **每天 5 分鐘 Tips**
>
> 在大幅上漲後的高位，主力為了市場的注意力，股價常會拉出漲停，而且盤面氣勢往往非常強勁。

4-5-4 第 38 日戰記
偶爾漲停：不會改變原來的運行趨勢

　　在股價運行過程中很少出現漲停，只是受某種因素（基本面、技術面、主力面）的影響下偶爾拉出一兩個漲停，這種漲停一般不會改變原來的運行趨勢。通常出現在三種情形之下：

　　⑴在整個上漲過程中，以大陽或中陽為主，很少出現漲停現象，只是偶爾拉出一兩個漲停。這種盤面大多出現在主力高度控盤的個股之中，盤面不溫不火，但股價累計漲幅依然可觀。

　　⑵在下跌過程中，偶爾也會出現漲停，比如反彈自救式漲停，這種漲停就氣勢而言，是所有漲停類型中最弱的一種。

　　⑶在震盪行情中，偶爾也會拉出漲停，在股價運行的任何階段都有可能出現這種漲停，比如建倉漲停、洗盤漲停、出貨漲停等。

　　如圖 4-24 八方股份（603489）的 K 線圖所示，該股在 2020 年 4 月至 7 月的行情中，一直保持在上升通道之中，股價從 64 元附近震盪上漲到了 165 元上方，累計漲幅超過 150%。在整個行情中，僅在 4 月 15 日、4 月 30 日和 5 月 29 日出現過漲停，每次漲停之後股價也沒有形成加速走勢，股價依然保持原來的震盪上行態勢。這種盤面的操作技巧就是在上升通道的下軌

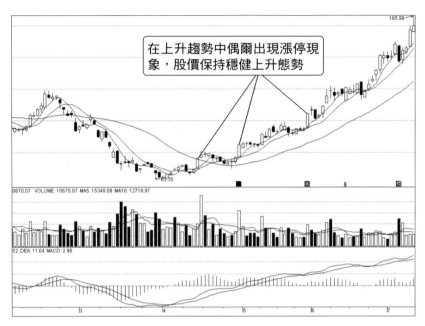

在上升趨勢中偶爾出現漲停現象，股價保持穩健上升態勢

▲ 圖 4-24　八方股份（603489）日 K 線圖

線附近介入，或者在 10 日或 30 日均線附近進場，一路持有到頂部訊號出現時退出，如加速拉升、異常天量、有效擊穿 30 日均線等頂部形態。

在下跌趨勢中出現的偶爾漲停，只是技術性修復走勢，不會改變弱勢盤面，沒有任何參與價值，應堅決逢高減倉。在震盪行情中出現的偶爾漲停，在操作技巧上應當根據漲停的性質進行操作。若是建倉性漲停，應當逢低吸納為主；若是洗盤性漲停，可以適當追漲進場；若是出貨性漲停，就應堅決離場。

每天 5 分鐘 Tips

在下跌趨勢中出現的偶爾漲停，只是技術性修復走勢，不會改變弱勢盤面，沒有任何參與價值，應堅決逢高減倉。

第 5 章

【每天學】
高手親授10大抓漲停戰法，
提高勝率近100%！

5-1

常見的追漲停形態

5-1-1 第 39 日戰記
飛鷹式追漲停：有向上傾斜 & 水平橫向式

向上傾斜式

在底部經過一段時間的盤整後，某一天放量漲停，股價向上脫離底部或上方壓力位，在突破之後的幾個交易日裡，既沒有持續上漲，也沒有明顯回落，而是出現強勢向上推高走勢。此種盤面特徵為越走越強，然後股價出現加速上行，所以也稱為「飛鷹開路」形態。遇到這種盤面走勢時，可以追漲買入，操盤時掌握介入點、設置停損位和停利線，既可控制風險，又可以鎖住利潤。

操作技巧為，在漲停後的強勢震盪時，只要收盤價站於之前漲停價之上即可，下影線可以不予考慮。另外，漲停之後的整理時間不等，可以一日整理也可以多日整理。

如圖 5-1 卓勝微（300782）的 K 線圖所示，該股經過一段時間的蓄勢整理後，2020 年 2 月 13 日股價放量漲停，在此後的兩個交易日裡股價強勢運行，重心上移。在走勢中，漲停後的兩個交易日裡，主力對前期高點壓力進行了很好的消化，讓部分散戶在這個位置解套或獲利離場。當籌碼得到成功換手後，2 月 18 日股價出現向上拉升，構成短線較好的買點，之後形成加速上漲走勢，2 月 27 日向下跌破停利線時賣出。

如圖 5-2 雅化集團（002497）的 K 線圖所示，該股在底部出現長時間的震盪整理，主力成功吸納了大量的低位籌碼，2019 年 12 月 24 日股價放量上漲，收出一根漲停大陽線，向上突破底部盤整區，均線系統多頭發散。在

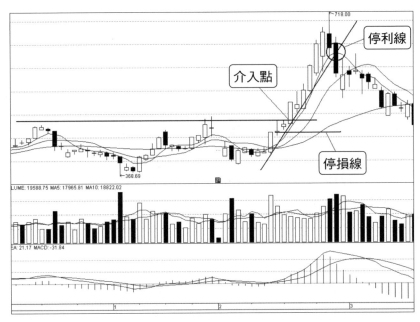

▲ 圖 5-1　卓勝微（300782）日 K 線圖

▲ 圖 5-2　雅化集團（002497）日 K 線圖

後面的幾個交易日裡，股價在漲停價位之上繼續強勢向上推升，12月31日跳空上行，形成較好的買點。之後股價出現加速上漲，2020年1月21日股價向下擊穿停利線，產生短線賣點。

水平橫向式

在底部經過一段時間的盤整後，某一天放量漲停，股價向上突破盤整區，突破之後股價基本上維持在漲停價附近作橫向震盪整理，並沒有出現明顯的漲跌，之後股價強勢向上拉升，從而形成買點。

操作技巧為，在漲停後的強勢震盪時，股價基本上在漲停價位附近作強勢震盪，下影線最好不要低於漲停大陽線的1/2位置。另外，漲停之後的整理時間可以一日整理，也可以多日整理。

如圖5-3金辰股份（603396）的K線圖所示，該股主力在長時間的底部震盪過程中，成功吸納了大量的低位籌碼，2019年12月13日股價拔地而起，收出一根放量漲停大陽線，向上突破底部盤整區。在後面的7個交易日裡，股價沒有出現明顯的回落，而是在漲停價上方維持強勢走勢，表明主力控盤

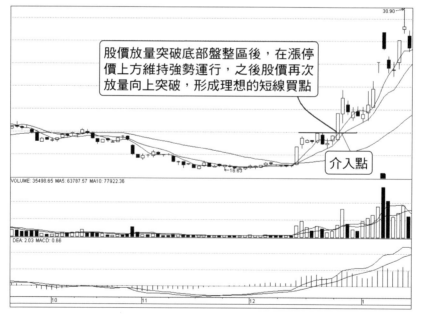

▲ 圖5-3　金辰股份（603396）日K線圖

程度較高。12 月 25 日，股價在尾盤快速拉至漲停，這一天成為較好的買點。之後股價繼續強勢上漲，短線利潤豐厚。

　　如圖 5-4 京威股份（002662）的 K 線圖所示，該股主力在低位連續向下打壓，成功製造了一個空頭陷阱。2020 年 2 月 5 日，股價止穩回升拉至漲停，在之後的幾個交易日裡，基本上在漲停價位附近作強勢震盪走勢，股價漲跌幅度均不大。經過短暫的蓄勢整理後，2 月 18 日股價開始上攻，形態上產生較好的買點，接著股價出現強勢上漲，在 7 個交易日中拉出 5 個漲停。

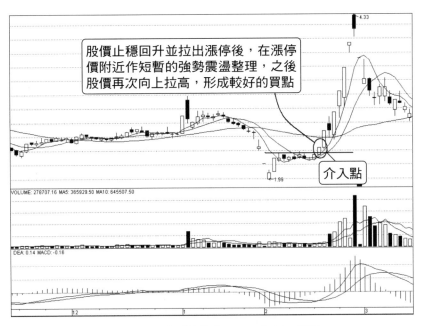

▲ 圖 5-4　京威股份（002662）日 K 線圖

　　如圖 5-5 智慧松德（300173）的 K 線圖所示，該股見頂後逐波回落，在底部出現長時間的縮量整理走勢，主力在此期間成功吸納了大量的低位籌碼。2019 年 12 月 11 日，股價向上拉起，收出一根放量漲停大陽線，向上突破底部盤整區。在之後的 9 個交易日裡，股價稍有回落，但盤面依然處於強勢狀態。12 月 25 日，股價開盤後快速拉漲停，產生較好的買點。之後股價連拉 4 個漲停，短線獲利豐厚。

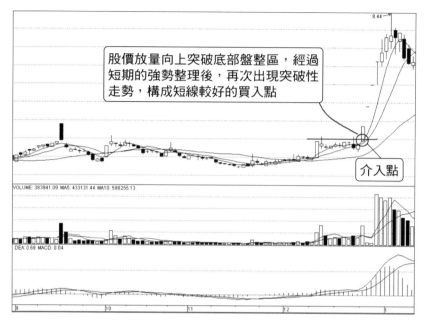

股價放量向上突破底部盤整區，經過短期的強勢整理後，再次出現突破性走勢，構成短線較好的買入點

介入點

▲ 圖 5-5　智慧松德（300173）日 K 線圖

每天5分鐘 Tips

水平橫向式的操作技巧為，在漲停後的強勢震盪時，股價在漲停價位附近強勢震盪，下影線最好不要低於漲停大陽線的 1/2 位置。

5-1-2　第 40 日戰記
前呼後應戰法：股價在 30 或 60 日均線上方最佳

操作技巧

　　股市中連續大陽線大幅拉升的個股只是少數，更多的還是大陽線後會接連幾天出現整理，一般投資人往往不敢在整理階段時貿然進行操作。股市中謹慎永遠沒有錯，這種態度無可厚非，因為誰也不知道這到底是整理還是主力在出貨；但如果整理後再次出現大陽線，這就反證了前幾日是洗盤而非出貨，後市必然看漲，臨盤時就可以大膽介入。

　　前呼後應戰法的操盤要領如下：(1) 股價運行在 30 日或 60 日均線上方為最佳形態。(2) 位於兩根漲停（大陽線）K 線之間的小 K 線，處於前一根漲停 K 線範圍之內者為最佳形態。(3) 位於兩根漲停（大陽線）K 線之間的小 K 線越多，股價後市爆發力道越強。(4) 位於兩根漲停（大陽線）K 線之間的小 K 線實體越小、量能越萎縮，後市股價爆發力越強。(5) 第二根漲停（大陽線）K 線封板時間越早，爆發力越強，可能走出連續大幅拉升走勢。(6) 出現前呼後應形態的個股，同時屬於市場熱點、市場領漲板塊的優先考慮。(7) 大盤處於牛市、震盪整理時，為最佳操作環境。

實盤分析

　　實盤操作中，可以把「前呼後應」形態依強度分為以下三個等級：

【等級一】前後都是漲停 K 線

　　如圖 5-6 南大光電（300346）的 K 線圖所示，該股經過充分整理後，2019 年 12 月 16 日放量拉漲停，在前期盤整區附近進行短暫的洗盤換手。12 月 24 日股價再次拉漲停，前後兩個漲停板之間具有前呼後應、承前啟後

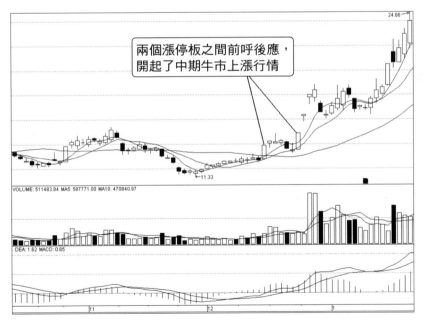

▲ 圖 5-6　南大光電（300346）日 K 線圖

的作用，反映主力做多意圖強烈，此後股價出現中期上漲行情。

如圖 5-7 科森科技（603626）的 K 線圖所示，2019 年 12 月 6 日，一根漲停大陽線拔地而起，以挑戰前期高點壓力，經過短暫的 4 個交易日整理後，12 月 13 日再次拉出漲停大陽線，前後兩個漲停板前呼後應，成功開啟了一輪震盪盤升行情。

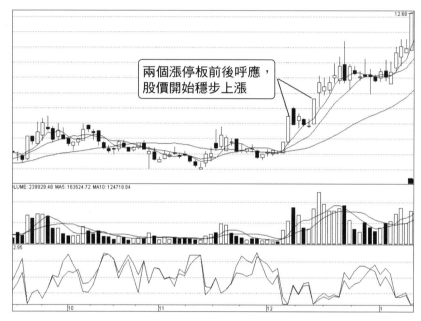

▲ 圖 5-7　科森科技（603626）日 K 線圖

【等級二】前漲停 K 線＋後大陽線，或前大陽線＋後漲停 K 線

如圖 5-8 長信科技（300088）的 K 線圖所示，該股在震盪整理過程中，2019 年 11 月 14 日，收出一根漲停 K 線，此後經過短期的整理，在 11 月 26 日、27 日拉出兩根大陽線，表示底部構築進入尾聲，此後股價進入盤升行情。

如圖5-9浙江永強（002489）的K線圖所示，該股洗盤結束後，在2020年2月18日收出一根上漲大陽線，此後在前期盤整區下方作短暫的整理，3月2日拉出漲停K線，表示主力洗盤整理結束，接著股價出現快速拉升。

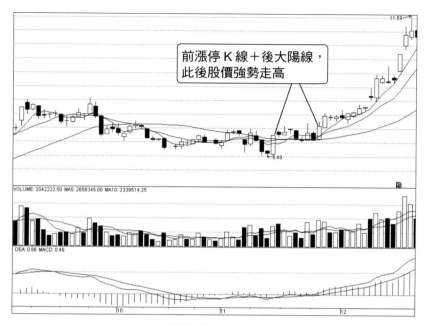

▲ 圖 5-8　長信科技（300088）日 K 線圖

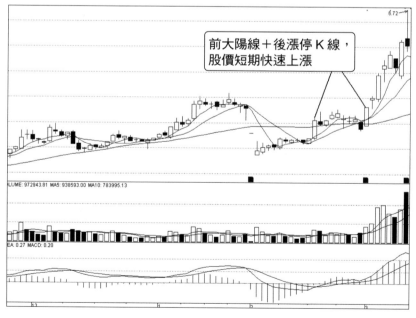

▲ 圖 5-9　浙江永強（002489）日 K 線圖

【等級三】前大陽線＋後大陽線

如圖 5-10 博濟醫藥（300404）的 K 線圖所示，該股快速下跌後，短線主力進場吸貨，2019 年 12 月 5 日拉出一根止穩性底部大陽線，然後經過繼續整理，12 月 24 日、25 日拉出兩根確定性底部大陽線。之後，主力進行洗盤走勢，2020 年 1 月 7 日再次收出大陽線，從此股價進入盤升行情。

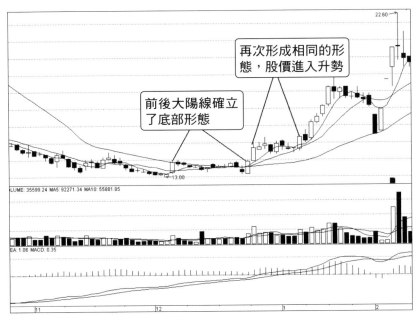

再次形成相同的形態，股價進入升勢

前後大陽線確立了底部形態

▲ 圖 5-10　博濟醫藥（300404）日 K 線圖

每天 5 分鐘 Tips

操作前呼後應戰法時，位於兩根漲停（大陽線）K 線之間的小 K 線實體越小、量能越萎縮，後市股價爆發力越強。

5-1-3　第 41 日戰記
回檔支撐戰法：下影線觸及漲停點時要快速拉起

操作技巧

　　這是前文中「前呼後應」的延伸戰法，股價在某一重要支撐位出現漲停攻擊，經過一段時間反彈之後，股價再次回到前一次漲停攻擊的起點，這時往往會再次遇到支撐，在相同的價格位置附近出現漲停，這種盤面走勢就稱為「回檔支撐」形態。

　　股價回落遇到支撐時，放量強勢拉漲停，短線仍有進一步上攻動力。盤面特徵是，在底部經過一段時間的盤整後，股價開始放量向上突破盤整區，但突破之後股價並沒有維持強勢運行，而是回落到漲停價起漲點附近，遇到支撐後股價再次向上拉起，此時構成較好的買點。

　　技術原理為：既然在某一價位能出現漲停，表示有主力在這個價格附近已經參與，至少其短線成本就在該漲停價位附近，經過一段時間的整理之後再次回到該價格附近時，勢必再次引起該主力的關注。即使在出貨階段，主力很多時候不會把籌碼一次就出貨徹底，再次回到該價格時已經和主力的底倉成本接近，如果不在此進行第二次攻擊，則主力很可能前功盡棄，股價將重回弱勢整理，所以主力往往會繼續拉高股價。若在此種形態短線介入，一般會有 20% 左右的利潤空間。

　　操作技巧為，在股價回落時儘量不要收於漲停板的起漲點之下，理想的走勢是下影線觸及到漲停起漲點時快速拉起，在漲停大陽線實體內的任何位置都不能作為買點，只有放量突破漲停大陽線的高點時，才可以認為是有效突破。

實盤分析

　　如圖 5-11 八方股份（603489）的 K 線圖所示，該股見頂後大幅回落，當股價整理到上市首日收盤價附近時止跌止穩。2020 年 4 月 15 日，股價向上拉漲停，但漲停後股價並沒出現持續上漲，小幅衝高後出現向下整理。4月 28 日，股價向下打壓，一度吞沒了漲停板的全部漲幅，然後止跌快速回升，當日收出帶長下影線的 K 線。4 月 30 日，股價再次拉漲停，形成突破走勢，構成較好的買點。

▲ 圖 5-11　八方股份（603489）日Ｋ線圖

　　如圖 5-12 雅本化學（300261）的 K 線圖所示，該股經過大幅整理後，股價漸漸止跌止穩。2020 年 5 月 18 日，股價向上放量拉漲停，但股價沒有出現持續上漲，而是向下回落整理，吞沒了漲停板的全部漲幅。5 月 27 日，在前一個漲停板的起漲點附近得到有力支支撐，股價再次放量拉漲停，形成短線較好的買點。

每天 5 分鐘 Tips

股價回落時理想的走勢是，下影線觸及到漲停起漲點時快速拉起，只有放量突破漲停大陽線的高點時，才可以認為是有效突破。

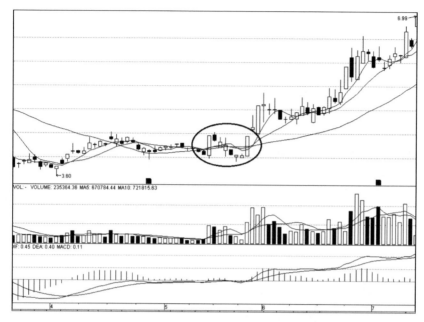

▲ 圖 5-12 雅本化學（300261）日 K 線圖

5-1-4 第 42 日戰記
蛟龍出海戰法：此形態後股價將出現大漲行情

主要含義

　　蛟龍出海形態是一個成功機率非常高的股價見底訊號，一旦走出這種形態，股價很可能轉跌為漲。因為股價在底部區域，出現了放量大陽線甚至是漲停板，必定是主力所為，而一根 K 線突破多根均線的壓制，則充分顯示了主力的控盤程度，以及拉抬股價的意願。所以，這種走勢出現之後，股價很容易出現大漲行情。

　　蛟龍出海中的「蛟龍」，象徵後市猶如龍騰；「出海」則是指技術方面。具體含義如下：

　　⑴ 此戰法中提到的出海，是指股價一直處於橫盤整理，並且一直圍繞均線上下波動。

　　⑵ 蛟龍出海形態的啟動特徵為，一直處於均線下方的股價，有一天突然以一根大陽線穿越 三條短、中期均線。

197

（3）出現此形態後，股價繼續上攻的機率很高，而且是橫盤時間越長、後市爆發力道越強。

盤面特徵

蛟龍出海的盤面K線以5日、10日、30日均線組合為佳，特徵如下：

（1）出現在下跌趨勢後期或者是盤整階段後期。

（2）一根大陽線向上穿過三條平均線。

（3）收盤價站在這三條平均線上方。

如圖5-13金辰股份（603396）的K線圖所示，該股主力在長時間的底部震盪過程中，成功吸納了大量的低位籌碼，2019年12月13日股價拔地而起，收出一根放量漲停大陽線，向上突破底部盤整區。從盤面可以發現，這根大陽線出現在底部盤整階段的後期，向上有效穿過5日、10日、30日三條均線的壓制，並大幅收高於均線之上，形成「站立式」突破走勢，這就是蛟龍出海形態。此後，盤面出現前述的「水平橫向式」飛鷹形態，12月25日股價再次向上突破，均構成中、短線較好的買點。

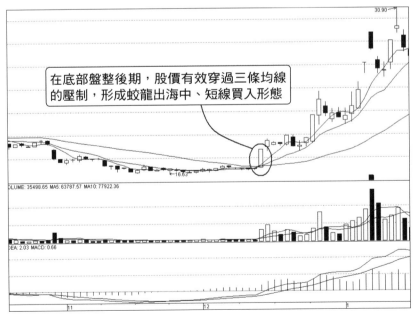

在底部盤整後期，股價有效穿過三條均線的壓制，形成蛟龍出海中、短線買入形態

▲ 圖5-13　金辰股份（603396）日K線圖

技術要求

(1) 形態出現在下跌階段後期，或者盤整階段後期。

(2) 大陽線實體越長，多頭訊號越可靠。

(3) 大陽線需要有成交量的配合。如果成交量未有效放大則需謹慎。

(4) 形態可由 1~3 根陽線組成。

如圖 5-14 神馳機電（603109）的 K 線圖所示，該股在長達 2 個多月的底部整理過程中，主力吸納了大量的低價籌碼。2020 年 4 月 14 日，股價承接前一天漲幅 7.78% 的光頭大陽線的基礎，放量拉出漲停大陽線。2 根上漲陽線實體較長，量能充足，多頭氣勢強盛，形成「蛟龍出海」多頭形態。

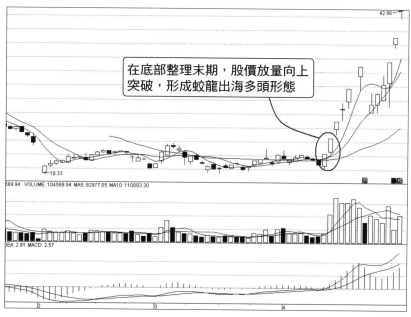

▲ 圖 5-14　神馳機電（603109）日 K 線圖

操作技巧

(1) 股價處在緩慢上升趨勢途中。

(2) 均線組合處在上升趨勢當中。

(3) 起漲前縮量回檔到均線組合附近。

(4) 回檔幅度 15% 左右，回檔時間 5~8 天。

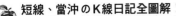
(5) 啟動前趨勢緩慢上升，趨勢保持 2~3 個月。

(6) 緩慢上升途中，至少有兩次整理。

(7) 一定是漲停板啟動，第二天放量跟進。

(8) 最好是行業龍頭股，或板塊式啟動。

(9) 大盤不要處在下降趨勢中。

 每天5分鐘 Tips

蛟龍出海形態啟動特徵為，一直處於均線下方的股價，有一天突然以一根大陽線穿越 三條短、中期均線。

5-2

短線必殺技法

5-2-1 　第 43 日戰記
三外有三戰法：要在第 3 個漲停附近追漲買入

操作技巧

　　一輪中級以上行情，通常會有連續三個漲停板的個股出現，成為市場龍頭。投資人可在第三個漲停附近追漲買入，後市短線還有 30% 以上的升幅，是短線高手必勝的招數。

　　技術原理及操作技巧為：三外有三的技術精髓在於主力建倉時間短、拉升快，來如電，去如風，是短線獲利的必殺技之一。其主力屬於拉高建倉，經由連續拉升快速脫離成本，引起市場關注，為日後拉高股價吸引跟風盤埋下伏筆。

實盤分析

　　如圖 5-15 新五豐（600975）的 K 線圖所示，該股從 2019 年 2 月 14 日開始連拉三個漲停，然後在此之上進行強勢整理。當股價回落到第三個漲停板附近時，得到支撐而再次拉起，展開第二波拉升行情，累積漲幅超過60%，投資人可在第三個漲停板附近進場做多。

　　一般情況下，短線主力的平均持倉成本在第二個漲停板附近，主力在第三個漲停位置一般停留 5~15 天，做短線浮動籌碼的清理，隨後將繼續展開強勢上攻行情。該戰法若運用得當，短線將有 30% 的獲利空間。

　　如圖 5-16 東方通信（600776）的 K 線圖所示，該股洗盤整理結束後，2018 年 11 月 26 日開始股價連拉三個漲停，成功突破底部盤整區壓力，然

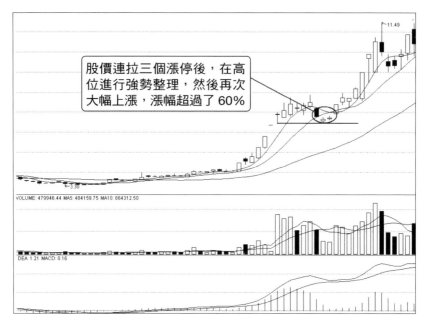

股價連拉三個漲停後，在高位進行強勢整理，然後再次大幅上漲，漲幅超過了 60%

▲ 圖 5-15　新五豐（600975）日 K 線圖

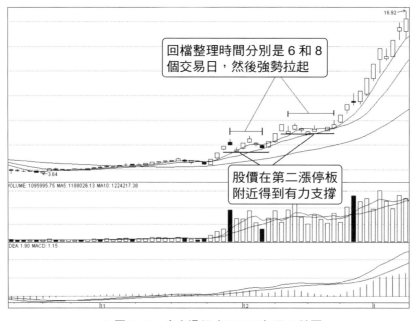

回檔整理時間分別是 6 和 8 個交易日，然後強勢拉起

股價在第二漲停板附近得到有力支撐

▲ 圖 5-16　東方通信（600776）日 K 線圖

後股價出現震盪走勢。當股價回落到第二個漲停板附近時，受到主力成本的支撐，整理為 6 個交易日，股價再次強勢拉起。此後，在 12 月中旬出現類似的走勢，得到市場的積極參與，股價大幅走高。

如圖 5-17 華東科技（000727）的 K 線圖所示，該股 2019 年 2 月 21 日向上突破，股價連拉三個漲停，然後回檔到第二個漲停附近時，再次止穩回升，展開第二波拉升行情，股價連拉四個漲停板。

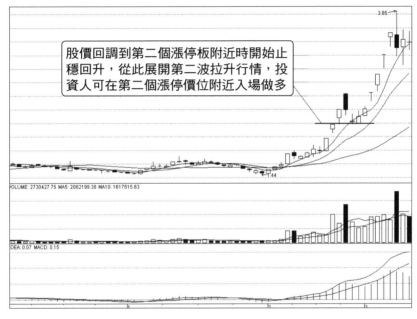

股價回調到第二個漲停板附近時開始止穩回升，從此展開第二波拉升行情，投資人可在第二個漲停價位附近入場做多

▲ 圖 5-17　華東科技（000727）日 K 線圖

實盤運用技巧為，在高位整理 5 天左右，如果股價不出現深幅回落，則可以判斷該股主力並不急於離場，此時散戶堅決介入半倉。如果隨後有漲停，則可以在漲停上加碼，跌破第二個漲停板一半的價格時需要停損。

有時三外有三之後會連續漲停，根本不出現橫盤震盪走勢。遇到這種情況時，可以在第三個漲停附近介入，並一路持有，直到不能連續漲停或者跌破 5 日均線時賣出。

如圖 5-18 勝和股份（002824）的 K 線圖所示，該股在低位向下製造一個空頭陷阱後，股價漸漸止穩回升，盤面碎步上行。2020 年 2 月 19 日，股

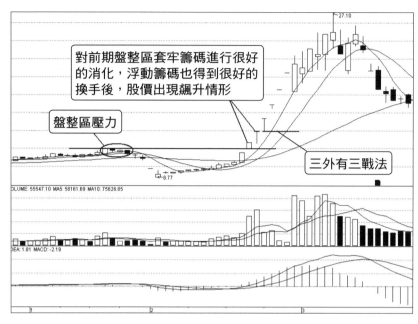

對前期盤整區套牢籌碼進行很好的消化，浮動籌碼也得到很好的換手後，股價出現飆升情形

盤整區壓力

三外有三戰法

▲ 圖 5-18　勝和股份（002824）日 K 線圖

價放量漲停，向上突破 30 日均線壓制，開啟連續 7 個漲停走勢。

在實盤中，出現連續漲停的個股很多，但該股盤面走勢有其特殊性。第二漲停板位置突破了前期 1 月中旬盤整區高點壓力，第三漲停板出現長長的下影線，釋放了前期盤整區中的套牢籌碼，顯示出主力做多意願非常強烈。所以，投資人可以在第三漲停板收盤價附近介入，後市將有不錯的利潤。

每天 5 分鐘 Tips

三外有三的技術精髓在於：主力建倉時間短、拉升快，來如電，去如風，是短線獲利的必殺技之一。

5-2-2　第 44 日戰記
天衣無縫戰法：短線操作可獲得暴利

操作技巧

　　股價在低位出現直接橫線漲停（一字板），形成反轉形態，次日在 3% 以內構成短線買點。這種無量一字板，一方面說明主力已經提前逢低完成了建倉計畫。另一方面，直接漲停可以解決短線賣盤過大的壓力，市場看到直接漲停往往都不會在當天賣出籌碼，主力用最少的資金達到最佳效果，這有利於主力把資金留到第二天。此種直接一字板看上去天衣無縫，故得此名。

　　技術原理及操作技巧為：一字漲停時必須是縮量的，如果放量過大，則說明籌碼穩定性不強，第二天會面臨更大的賣壓，投資人不宜介入。符合縮量條件介入之後，必須以一字漲停的收盤價做保護，如果股價有效跌破（收盤價跌幅超過3%，盤中一度跌破可以忽略）此價位，則意味著這個無量一字漲停存在誘多嫌疑，可短線停損出場。

實盤分析

　　如圖 5-19 世運電路（603920）的 K 線圖所示，該股主力成功構築底部後，2019 年 12 月 28 日出現縮量一字漲停，股價向上突破底部盤整區和前高壓力。但主力手中籌碼並不多，此後 3 個交易日在一字板上方強勢震盪，有效釋放了低位獲利盤和前期套解盤，主力也主動完成了加碼計畫。在整理過程中股價始終不破一字板的收盤價，顯示出盤面十分強勢。2020 年 1 月 2 日，股價強勢拉漲停，形成天衣無縫形態，接著產生 4 連漲停板行情。

　　如圖 5-20 新諾威（300765）的 K 線圖所示，該股上市後不久就一路走低，主力在底部吸納了大量的低價籌碼。2020 年 3 月 23 日，出現縮量一字漲停，股價向上突破前高壓力，此後出現 3 個交易日的震盪整理，對低位獲利盤和前期套解盤進行了很好的消化。在震盪整理過程中，雖然股價向下跌破了一字板的收盤價，但並沒有達到有效跌破的技術條件（收盤價低於一字板漲停 3% 以上）。3 月 27 日，股價再次強勢上拉，顯示出一字漲停仍然具有強勢特徵，同樣是一個有效的天衣無縫看漲形態。此後股價強勢拉高，6 個交易日中拉出 3 個漲停，短線獲利非常豐厚。

　　如果細心去觀察，這個模式的短線是非常暴利的，但目前使用的人並不

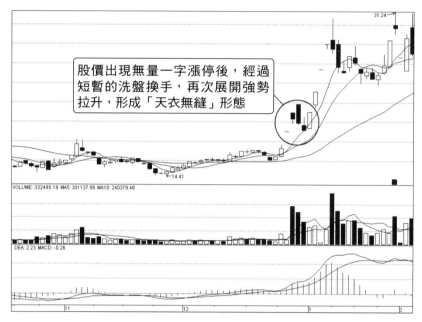

股價出現無量一字漲停後，經過短暫的洗盤換手，再次展開強勢拉升，形成「天衣無縫」形態

▲ 圖 5-19　世運電路（603920）日 K 線圖

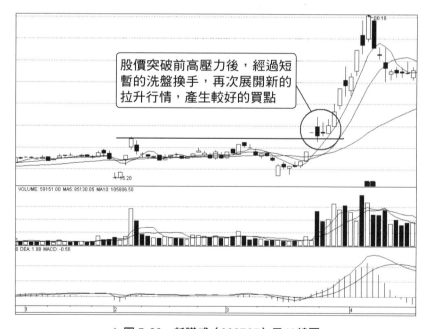

股價突破前高壓力後，經過短暫的洗盤換手，再次展開新的拉升行情，產生較好的買點

▲ 圖 5-20　新諾威（300765）日 K 線圖

多。投資人可以多留意每天一字板的個股，最好是 1 個一字板之後開始走連板，而且連續 3 個交易日不跌破一字板的收盤價，就可以持續加碼買入。

在量能方面有規律地呈現放大縮小，這通常是主力臨時建倉或洗盤所導致的，主力用一字漲停去建倉，表明一種強勢的態度，所以若遇到此類個股可以及時跟進。另外，要做好停利和停損，停利可以放長一點，畢竟這種模式屬於中、短線模式，在跌破 30 日均線再分批出掉，或者自己算好目標價，到位了就離開；而停損位就是在股價跌破一字漲停的收盤價時離場。

每天 5 分鐘 Tips

一字板的個股，最好是 1 個一字板之後開始走連板，而且連續 3 個交易日不跌破一字板的收盤價，就可以持續加碼買入。

5-2-3　第 45 日戰記
彩虹騰飛戰法：短線蓄勢整理後，一舉向上突破

主要含義

股價脫離底部區域後，主力並沒有快速拉升，而是出現短期的蓄勢整理，然後放量一舉向上突破，出現彩虹騰飛形態，也稱作「彩虹橋」形態。

實盤分析

如圖 5-21 萬通智控（300643）的 K 線圖所示，該股在底部長達 6 個多月的整理過程中，主力吸納了大量的低價籌碼。2019 年 11 月 11 日，股價向上脫離底部盤整區，但突破之後主力並沒有急於拉升，而是出現震盪走高趨勢，股價維持在均線系統上方。經過短暫的整理後，主力完成了洗盤換手，鞏固了突破成果，出現經典的彩虹騰飛形態。11 月 29 日，該股在彩虹騰飛整理末端，主力將股價急速拉升，放量漲停，向上突破，短線拉升行情從此開始。在之後的 14 個交易日裡拉出 9 個漲停，股價漲幅超過 150％。

如圖 5-22 聯環藥業（600513）的 K 線圖所示，該股在底部近 8 個多月的整理過程中，主力順利地完成低位建倉計畫。2019 年 12 月 31 日，股價放量漲停，向上脫離底部盤整區。突破之後主力展開洗盤整理，股價出現小

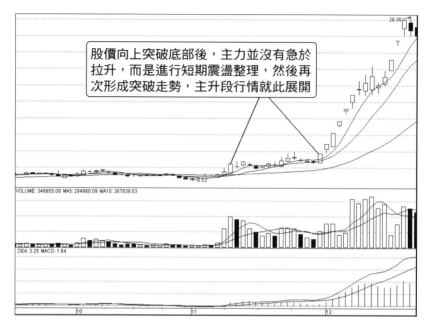

> 股價向上突破底部後，主力並沒有急於拉升，而是進行短期震盪整理，然後再次形成突破走勢，主升段行情就此展開

▲ 圖 5-21　萬通智控（300643）日 K 線圖

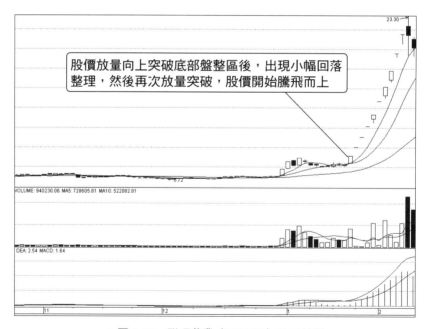

> 股價放量向上突破底部盤整區後，出現小幅回落整理，然後再次放量突破，股價開始騰飛而上

▲ 圖 5-22　聯環藥業（600513）日 K 線圖

幅回落，但始終維持在 30 日均線之上運行，形成彩虹騰飛形態。經過 8 個交易日的縮量整理後，在 2020 年 1 月 17 日再次放量突破，呈現此形態，此後股價連拉 10 個漲停。

如圖 5-23 新康佳 A（000016）的 K 線圖所示，該股主力完成低位建倉計畫後，漸漸向上推高股價，然後展開蓄勢整理，2020 年 1 月 23 日股價放量漲停，形成彩虹騰飛形態。為了日後更順利拉升股價，次日主力故意將股價打回到跌停板位置，操作手法極為彪悍，然後重新拉起，展開更為猛烈的拉升行情。

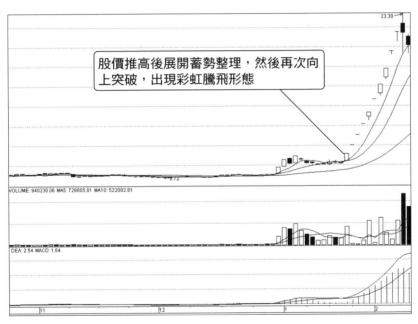

▲ 圖 5-23 新康佳 A（000016）日 K 線圖

技術要點

彩虹騰飛形態是短線必殺技，其技術要點為：

(1) 個股建倉呈震盪走高趨勢，主力在震盪建倉中洗盤，量價配合理想，是典型的價增量升、價跌量減態勢。

(2) 在主力建倉平台整理末端，逐步放量啟動股價，突破上升趨勢壓力線，並在趨勢壓力線上方形成彩虹騰飛走勢。

209

(3) 當股價運行至臨近「彩虹橋」的末端時，再度放量，突破在即。

(4) 此刻，主力兇悍地將股價拉至漲停，打開上升空間，主升段行情就此展開。

每天 5 分鐘 Tips

彩虹橋形態指股價脫離底部區域後，主力並沒有快速拉升，而是出現短期的蓄勢整理，然後放量一舉向上突破。

5-2-4 第 46 日戰記
倒錘子線戰法：次日的快速拉升，是介入時間點

技術要點

股價剛剛脫離底部，或者即將進入拉升時，出現衝高回落走勢，留下長上影線 K 線，形成倒錘子線形態，次日或隨後幾日股價強勢拉漲停。該戰法也是短線漲停必殺技，其技術要點如下：

(1) 股價初步形成上攻勢頭，但主力故意不將上漲行情延續維持下去，最終股價回落幅度較大，以接近開盤價價位收盤，收出帶有長長的上影線、很短的下影線、實體很短小的倒錘子線形態。

(2) 這種形態的出現，既有試探拉升含義，也有洗盤目的。次日重新拉起，意味著洗盤整理結束。筆者在多年的實盤中發現，主力為了不給剛出場者回補的機會，次日常以漲停的方式快速拉升，這是介入的極佳機會。

(3) 買入點位可以選擇在股價突破上影線，或股價即將拉漲停時，如有其他因素確定盤面強勢時，不必等到股價出現漲停或吞掉上影線，即可提前介入，享受即將出現的漲停板豐厚獲利。

實盤分析

如圖 5-24 金健米業（600127）的 K 線圖所示，該股主力底部建倉完畢之後，股價開始向上盤高，在上升通道內緩慢推進，當獲利盤堆積到一定程度時，主力需要對這部分籌碼進行清洗，所以股價出現小幅回落洗盤，股價打壓到 30 日均線之下，然後快速止跌止穩。2020 年 2 月 23 日，股價放量

拉漲停，次日股價衝高到前期盤整區附近時，出現回落整理走勢，收出一根倒錘子線。3 月 25 日，主力又拉一個漲停，順利突破前高壓力，接著連續拉升，完成了一波漂亮的主升段行情。

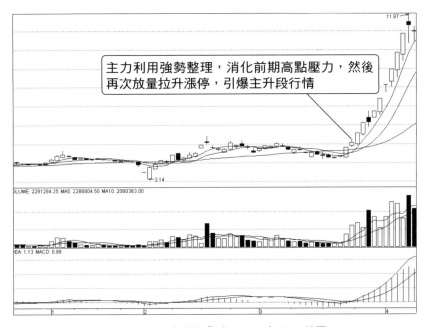

主力利用強勢整理，消化前期高點壓力，然後再次放量拉升漲停，引爆主升段行情

▲ 圖 5-24　金健米業（600127）日 K 線圖

　　如圖 5-25 星輝娛樂（300043）的 K 線圖所示，該股主力完成低位建倉後，股價慢慢向上推高，漸漸接近前高壓力位。2019 年 3 月 4 日，股價跳空高開 5.84% 後，一度衝高，疑似向上突破並有拉漲停跡象。但股價衝高後緩緩下行，接近盤中最低點收盤，當日微漲 3.41%，形成倒錘子線。次日，股價並沒有延續弱勢整理，而是出現逐波上漲走勢，午後強勢封板，不給散戶逢低進場的機會，快速展開短線拉升行情。可見，該股主力在壓力位附近收出這根倒錘子線，目的是消化前高壓力，發揮了試盤和洗盤雙重作用。

　　如圖 5-26 安居寶（300155）的 K 線圖所示，該股主力完成底部建倉計畫後，向下打壓股價製造空頭陷阱，然後漸漸止穩並緩緩向上推升。2020 年 2 月 10 日，股價放量拉高，盤中一度封漲停，主力為了清理前高壓力位的籌碼，股價開板回落，當天僅漲 3.77%，形成長長的上影線。次日，股價

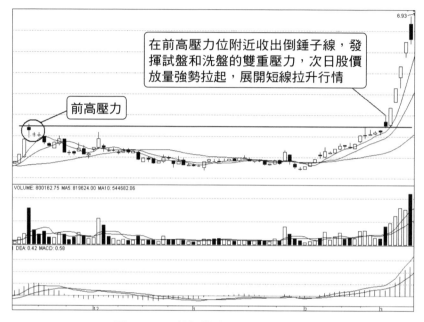

▲ 圖 5-25　星輝娛樂（300043）日K線圖

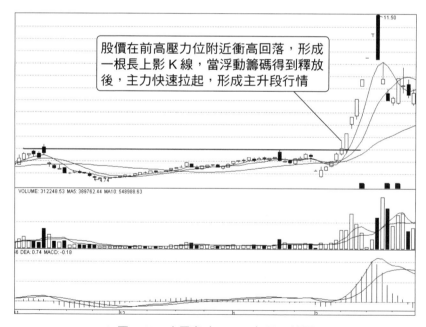

▲ 圖 5-26　安居寶（300155）日K線圖

放量強勢上漲，三波拉漲停，形成 6 連漲停板行情。

　　這種經典的操盤手法，既消化上方的壓力，又不給散戶低買的機會。主力試盤和洗盤意圖非常明顯，操作手法也非常成功。盤面明顯有走出倒錘子線的趨勢，敏銳地嗅到主力將要展開拉升的意圖，投資人在實盤中可以積極關注這類個股。

　　次日，股價強勢衝擊漲停，根本不給被嚇出的籌碼再度回補的機會，被清洗出去的籌碼想要再度進場，只能追高買入，從而進一步推動股價上漲，協助主力完成一輪流暢的波段行情。

每天 5 分鐘 Tips

倒錘子線形態的出現，既有試探拉升含義，也有洗盤目的。次日重新拉起，意味著洗盤整理結束。

5-3

容易誤入的主力陷阱

5-3-1 第 47 日戰記
空頭陷阱戰法：主力向上拉起後，形成空頭陷阱

技術要點

在底部整理末期，主力大致完成建倉計畫後刻意向下打壓力股價，造成技術破位之勢，當最後一批浮動籌碼清理完畢後，主力開始發力向上拉起，形成空頭陷阱走勢，也稱作「散戶坑」形態。該戰法的技術要點如下：

(1) 個股建倉拉高後進行長時間的平台整理，量能配合恰當，呈典型價增量升、價跌量減趨勢。

(2) 平台整理末端主力經由縮量洗盤，使其 K 線形態出現空頭形態。

(3) 當空頭陷阱坑騙了無數散戶之後，主力再度啟動股價，放量走高，形成價增量升之勢。

(4) 當股價運行到空頭陷阱的平台臨界點附近時，主力以剽悍手法將股價一拔衝天，放量漲停，突破前期平台，短線主升段開始。

實盤分析

如圖 5-27 中廣天澤（603721）的 K 線圖所示，該股在底部進行了長達 5 個多月的震盪整理，形成一個整理盤整區，在盤整區裡量價配合理想，價增量升，價跌量減，並未出現主力減倉跡象。從 2019 年 11 月 25 日開始，主力向下縮量打壓，製造空頭陷阱，直到 12 月 18 日形成散戶坑形態。12 月 19 日，主力盤中大單啟動，強勢拉漲停，開啟短線主升段行情。

如圖 5-28 通光線纜（300265）的 K 線圖所示，該股在底部出現長時間

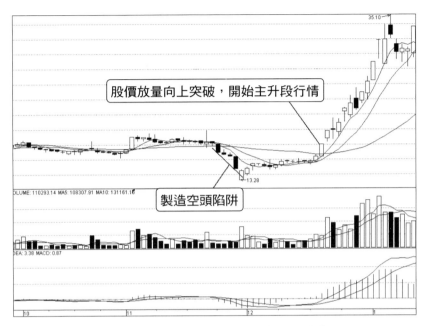

股價放量向上突破，開始主升段行情

製造空頭陷阱

▲ 圖 5-27　中廣天澤（603721）日 K 線圖

的震盪整理，2020 年 1 月 23 日開始股價下跌，盤面趨向空頭形態，然後漸漸止穩回升。2 月 24 日，當股價回升到前期盤整區附近時，出現短暫的平台整理，從而形成散戶坑形態，說明主力利用前期盤整區壓力進行洗盤換手。3 月 5 日，股價一舉拉漲停，開啟一波短線拉升行情。

　　一支大牛股的誕生，常常不只是單一的技術形態，而是由多種形態組成的複合形態。「散戶坑＋彩虹橋」就是一種比較常見的大牛股複合形態，可以催生短線大黑馬。當這種複合形態出現時，投資人應高度重視，把握啟動時機，及時跟進，往往會有豐厚的回報。

　　如圖 5-29 荃銀高科（300087）的 K 線圖所示，該股小幅推升股價後，在 2019 年 11 月初向下回落進行弱勢整理，成交量大幅萎縮，構築長達一個多月的散戶坑形態。12 月 16 日，股價放量拉高，形成圓弧底形態，此刻散戶坑形態大致完成。隨後幾日股價震盪走高，股價抵達前期高點附近時，形成彩虹橋走勢。2019 年 12 月 30 日，一根放量大陽線拔地而起，突破前期高點壓力，彩虹橋形態構築完畢，接著經過兩個交易日的強勢整理後，股價連拉 5 個漲停。該股盤面走勢就是典型的「散戶坑＋彩虹橋」形態。

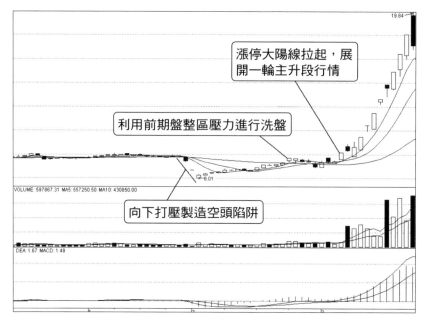

▲ 圖 5-28　通光電纜（300265）日 K 線圖

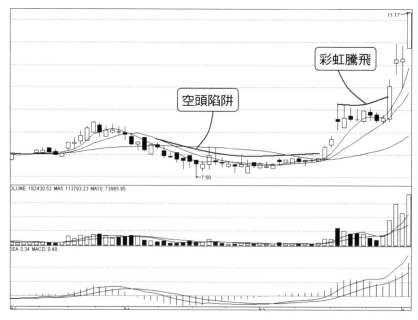

▲ 圖 5-29　荃銀高科（300087）日 K 線圖

每天 5 分鐘 Tips

主力完成建倉計畫後向下打壓力股價，當最後一批浮動籌碼清理完畢，開始發力向上拉起，形成空頭陷阱走勢。

5-3-2 第 48 日戰記
摘綠帽子戰法：主力摘掉綠帽子，是大好買入時機

技術要點

在上升的過程中，主力可能採取漲停的方式上漲，第二天有很大的機率是高開，但高開之後卻出現低走，留下一根假陰線，實際股價依然是上漲的，在 K 線出現一個「綠帽子」形態。隨後股價往往以漲停方式上攻，收復了這根假陰線，形成強勢上漲勢頭，所以將這種現象稱之為「摘綠帽子」。該形態技術要點如下：

⑴在底部整理末期，出現向上放量突破走勢，收出一根（或多根）漲停陽線或大陽線。

⑵次日，出現高開低走陰線，但當天股價仍然是上漲的，是一根假陰線，形似「綠帽子」。

⑶假陰線沒有上影線或上影線很短，因此不應該出現天量現象，理想的成交量是持平或相關不大。

⑷當主力摘掉「綠帽子」時，就是一個非常好的買入時機。

實盤分析

如圖 5-30 振德醫療（603301）的 K 線圖所示，該股主力完成低位建倉計畫後，不斷向上推升股價，成交量溫和放大，然後小幅回落整理，清理盤中浮動籌碼。2020 年 1 月 20 日和 21 日，連拉兩個漲停後，23 日受上漲慣性影響，從漲停板價位開盤，尾盤開板回落，當日收漲 3.05%，收出一根高開低走的假陰線。

在 K 線形態上，如同扣在兩個漲停上方的一頂「綠帽子」，這個形態嚇退了不少短線散戶的持股心理，從而選擇獲利離場操作。但次日大幅高開 7.12%，直接開在「綠帽子」上方，股價出現秒板，強勢特徵極為明顯，接

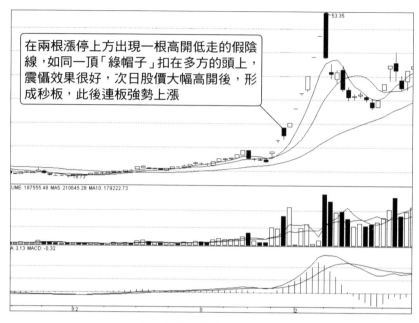

在兩根漲停上方出現一根高開低走的假陰線，如同一頂「綠帽子」扣在多方的頭上，震懾效果很好，次日股價大幅高開後，形成秒板，此後連板強勢上漲

▲ 圖 5-30　振德醫療（603301）日 K 線圖

著連板上攻，氣勢強盛，漲幅較大。

　　在實盤中，綠帽子形態可以靈活變通應用，不一定都必須是假陰線，也就是說，股價可能是實際下跌的陰線，只要形同「綠帽子」即可。

　　如圖 5-31 航天長峰（600855）的 K 線圖所示，該股主力在建倉末期向下打壓製造空頭陷阱，當股價止穩回升至前期盤整區附近時遇阻回落，2020年 3 月 20 日股價拔地而起，疑似構築 W 底形態。連拉兩個漲停後，3 月 24日跳空高開 4.19%，開盤後股價快速回落作弱勢整理，當日收跌 2.37%，形成綠帽子形態，不少散戶見此形態相繼離場。次日，高開 2.91% 後快速拉漲停，主力成功摘掉「綠帽子」，從而開啟一輪拉升行情。

　　主力建倉之後，既想快速拉升，又想把底部獲利盤震盪出場，同時又需要吸引新的短線跟風盤參與，這根假陰線反映了主力和投資人都處於十分矛盾的心理。若連續漲停就無法把獲利盤震盪出場，若回落洗盤又容易丟失低價籌碼，所以主力就採取這種洗盤方式，畢竟多數投資人在獲利頗豐的情況下，願意落袋為安。

　　對於短線跟風盤而言，看到這樣的形態，洞察主力想繼續加速抬升的真

實目的之後，就會快速跟進。對主力而言，讓市場經過充分的換手之後，抬高了短線籌碼的成本，有利於日後進一步快速拉升。

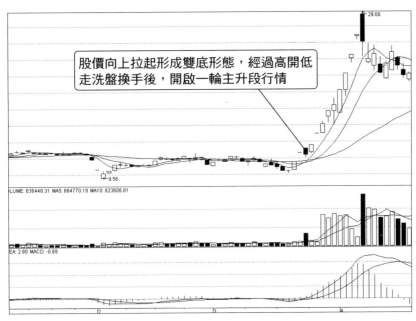

▲ 圖 5-31　航天長峰（600855）日 K 線圖

每天 5 分鐘 Tips

K 線出現一個「綠帽子」形態後，主力以漲停方式上攻收復了這根假陰線，形成強勢上漲勢頭，此現象稱之為「摘綠帽子」。

後記
漲停有規律，
活用本書輕鬆捕捉暴漲行情！

股市變化莫測，漲停個股千姿百態，很難一概全貌，加上受主力行為影響，有些盤面現象不會也不可能事先被發現，只有在市場運行過程中，才能逐漸地被人們發覺和認識。需要指出的是，股價漲停有一定的規律，但沒有固定的模式，而且同樣的市場環境，因不同市況、不同個股、不同主力，以及不同人的心理因素，其分析結果也各不相同，甚至天壤之別。

所以，希望投資人將本書中的原理和方法，在即時行情中活學妙用，切不可用固定的模式去生搬硬套。在實戰中，投資人應不斷積累經驗、探索規律，並感悟股性，逐步形成一套適合自己的技法。只有這樣，才能在瞬息萬變的市場裡，以敏捷的思維能力，對市場作出彈性的分析和處理，達到融會貫通、應變自如，在股市中立於不敗之地。

筆者深知要感謝給予幫助的人太多，有太多的人可以分享這本書出版的榮譽。沒有廣大讀者朋友的認可，就沒有本書的生存市場，更不會使這些技術得以推廣，所以第一個要感謝的是讀者朋友的支持。

書中內容雖然表達作者個人的觀點和見解，但也借鑑他人的一些研究成果、實戰經驗、專業知識等，這些材料在理論和實踐中都具有很高的創造性，是十分珍貴的，所以要十分感謝他們。

筆者儘管竭盡全力，努力減少書中的錯誤，但百密一疏，書中難免有疏忽之處。敬請廣大讀者不吝斧正，並多提出寶貴意見，以便在今後再版時進一步改進和提高。願本書為廣大朋友在實際操作中帶來一點啟示，創造一份財富。如是，我將深感欣慰。

麻道明
於中國楠溪江畔

NOTE

NOTE

國家圖書館出版品預行編目（CIP）資料

短線、當沖のK線日記全圖解！：10大戰法，讓我靠「抓漲停」資產多
五倍！╱麻道明著. -- 第二版. -- 新北市：大樂文化有限公司，2024.09
224面；17×23公分. --（優渥叢書Money；076）
ISBN：978-626-7422-48-9（平裝）

1. 股票投資　2. 投資分析

563.53　　　　　　　　　　　　　　　　　　　　113011873

MONEY 076

短線、當沖のK線日記全圖解！（熱銷再版）
10大戰法，讓我靠「抓漲停」資產多五倍！

（原書名：短線、當沖のK線日記全圖解！）

作　　者／麻道明
封面設計／蕭壽佳、蔡育涵
內頁排版／楊思思
責任編輯／林育如
主　　編／皮海屏
發行專員／張紜蓁
財務經理／陳碧蘭
發行經理／高世權
總編輯、總經理／蔡連壽
出　版　者／大樂文化有限公司
　　　　　　地址：220新北市板橋區文化路一段268號18樓之一
　　　　　　電話：（02）2258-3656
　　　　　　傳真：（02）2258-3660
詢問購書相關資訊請洽：2258-3656
郵政劃撥帳號／50211045　戶名／大樂文化有限公司

香港發行／豐達出版發行有限公司
　　　　　　地址：香港柴灣永泰道 70 號柴灣工業城 2 期 1805 室
　　　　　　電話：852-2172 6513 傳真：852-2172 4355

法律顧問／第一國際法律事務所余淑杏律師
印　　刷／韋懋實業有限公司

出版日期／2022 年 06 月 27 日　第一版
　　　　　　2024 年 09 月 30 日　第二版
定　　價／320元（缺頁或損毀的書，請寄回更換）
Ｉ Ｓ Ｂ Ｎ／978-626-7422-48-9